LA
DOUBLE MÉPRISE

CALMANN LÉVY, ÉDITEUR

OEUVRES COMPLÈTES
DE
PROSPER MÉRIMÉE

Format grand in-18

CARMEN, ARSÈNE GUILLOT, L'ABBÉ AUBAIN, ETC......	1 vol.
CHRONIQUE DU RÈGNE DE CHARLES IX.............	1 —
COLOMBA, LA VÉNUS D'ILLE, ETC................	1 —
LES COSAQUES D'AUTREFOIS.....................	1 —
DERNIÈRES NOUVELLES..........................	1 —
LES DEUX HÉRITAGES...........................	1 —
LA DOUBLE MÉPRISE, LA GUZLA..................	1 —
ÉPISODE DE L'HISTOIRE DE RUSSIE...............	1 —
ÉTUDES SUR LES ARTS AU MOYEN AGE..............	1 —
ÉTUDES SUR L'HISTOIRE ROMAINE.................	1 —
LETTRES A UNE INCONNUE.......................	1 —
LETTRES A UNE AUTRE INCONNUE.................	1 —
MÉLANGES HISTORIQUES ET LITTÉRAIRES...........	1 —
MOSAÏQUE : MATEO FALCONE, VISION DE CHARLES XI, ETC.	1 —
PORTRAITS HISTORIQUES ET LITTÉRAIRES..........	1 —
THÉÂTRE DE CLARA GAZUL.......................	1 —

Format grand in-8

LETTRES A M. PANIZZI.........................	2 —

BOURLOTON. — Imprimeries réunies, B.

LA
DOUBLE MÉPRISE

PAR

PROSPER MÉRIMÉE

PARIS

CALMANN LÉVY, ÉDITEUR

ANCIENNE MAISON MICHEL LÉVY FRÈRES

3, RUE AUBER, 3

—

1885

Droits de reproduction et de traduction réservés.

LA
DOUBLE MÉPRISE

Zagala, mas que las flores
Blanca, rubia y ojos verdes,
Si piensas seguir amores
Piérdete bien, pues te pierdes

1833

LA
DOUBLE MÉPRISE

I

Julie de Chaverny était mariée depuis six ans environ, et depuis à peu près cinq ans et six mois elle avait reconnu non seulement l'impossibilité d'aimer son mari, mais encore la difficulté d'avoir pour lui quelque estime.

Ce mari n'était point un malhonnête homme ; ce n'était pas une bête ni un sot. Peut-être cependant y avait-il bien en lui quelque chose de tout cela. En consultant ses souvenirs, elle aurait pu se rappeler qu'elle l'avait trouvé aimable autrefois ; mais maintenant il l'ennuyait. Elle trouvait tout en lui repoussant. Sa manière de manger, de prendre du café, de parler, lui donnait des crispations nerveuses. Ils ne se voyaient et ne se parlaient guère qu'à table; mais ils dînaient ensemble plusieurs fois par semaine, et c'en était assez pour entretenir l'aversion de Julie.

Pour Chaverny, c'était un assez bel homme, un peu trop gros pour son âge, au teint frais, sanguin, qui, par caractère, ne se donnait pas de ces inquiétudes vagues qui tourmentent souvent les gens à imagination. Il croyait pieusement que sa femme avait pour lui une amitié douce (il était trop philosophe pour se croire aimé comme au premier jour de son mariage), et cette persuasion ne lui causait ni plaisir ni peine; il se serait également accommodé du contraire. Il avait servi plusieurs années dans un régiment de cavalerie; mais, ayant hérité d'une fortune considérable, il s'était dégoûté de la vie de garnison, avait donné sa démission et s'était marié. Expliquer le mariage de deux personnes qui n'avaient pas une idée commune peut paraître assez difficile. D'une part, de grands parents et de ces officieux qui, comme Phrosine, marieraient la république de Venise avec le Grand Turc, s'étaient donné beaucoup de mouvement pour régler les affaires d'intérêt. D'un autre côté, Chaverny appartenait à une bonne famille; il n'était point trop gras alors ; il avait de la gaieté, et était, dans toute l'acception du mot, ce qu'on appelle un *bon enfant*. Julie le voyait avec plaisir venir chez sa mère, parce qu'il la faisait rire en lui contant des histoires de son régiment d'un comique qui n'était pas toujours de bon goût. Elle le trouvait aimable parce qu'il dansait avec elle dans tous les bals, et qu'il ne manquait jamais de bonnes raisons pour persuader à la mère de Julie d'y rester tard, d'aller au spectacle ou au bois de Boulogne. Enfin Julie le croyait un héros, parce qu'il s'était battu en duel honorablement deux ou trois fois. Mais ce qui acheva le triomphe de Chaverny, ce fut la description d'une certaine voiture qu'il devait faire exécuter sur un plan à lui, et dans laquelle il conduirait lui-même Julie lorsqu'elle aurait consenti à lui donner sa main.

Au bout de quelques mois de mariage, toutes les belles qualités de Chaverny avaient perdu beaucoup de leur mérite. Il ne dansait plus avec sa femme, — cela va sans dire. Ses histoires gaies, il les avait toutes contées trois ou quatre fois. Maintenant il disait que les bals se prolongeaient trop tard. Il bâillait au spectacle, et trouvait une contrainte insupportable l'usage de s'habiller le soir. Son défaut capital était la paresse ; s'il avait cherché à plaire, peut-être aurait-il pu réussir; mais la gêne lui paraissait un supplice : il avait cela de commun avec presque tous les gens gros. Le monde l'ennuyait parce qu'on n'y est bien reçu qu'à proportion des efforts que l'on y fait pour plaire. La grosse joie lui paraissait bien préférable à tous les amusements plus délicats; car, pour se distinguer parmi les personnes de son goût, il n'avait d'autre peine à se donner qu'à crier plus fort que les autres, ce qui ne lui était pas difficile avec des poumons aussi vigoureux que les siens. En outre, il se piquait de boire plus de vin de Champagne qu'un homme ordinaire, et faisait parfaitement sauter à son cheval une barrière de quatre pieds. Il jouissait en conséquence d'une estime légitimement acquise parmi ces êtres difficiles à définir que l'on appelle les jeunes gens, dont nos boulevards abondent vers cinq heures du soir. Parties de chasse, parties de campagne, courses, dîners de garçons, soupers de garçons, étaient recherchés par lui avec empressement. Vingt fois par jour il disait qu'il était le plus heureux des hommes; et toutes les fois que Julie l'entendait, elle levait les yeux au ciel, et sa petite bouche prenait une indicible expression de dédain.

Belle, jeune, et mariée à un homme qui lui déplaisait, on conçoit qu'elle devait être entourée d'hommages fort intéressés. Mais, outre la protection de sa mère, femme très prudente, son orgueil, c'était son défaut, l'avait défendue jusqu'alors contre les séductions du monde. D'ailleurs le désappointement qui avait suivi son mariage, en lui donnant une espèce d'expérience, l'avait rendue difficile à s'enthousiasmer. Elle était fière de se voir plaindre dans la société, et citer comme un modèle de résignation. Après tout, elle se trouvait presque heureuse, car elle n'aimait personne, et son mari la laissait entièrement libre de ses actions. Sa coquetterie (et il faut l'avouer, elle aimait un peu à prouver que son mari ne connaissait pas le trésor qu'il possédait), sa coquetterie, toute d'instinct comme celle d'un enfant, s'alliait fort bien avec une certaine réserve dédaigneuse qui n'était pas de la pruderie. Enfin elle savait être aimable avec tout le monde, mais avec tout le monde également. La médisance ne pouvait trouver le plus petit reproche à lui faire.

II

Les deux époux avaient dîné chez madame de Lussan, la mère de Julie, qui allait partir pour Nice. Chaverny, qui s'ennuyait mortellement chez sa belle-mère, avait été obligé d'y passer la soirée, malgré toute son envie d'aller rejoindre ses amis sur le boulevard. Après avoir dîné, il s'était établi sur un canapé commode, et avait passé deux heures sans dire un mot. La raison était simple : il dormait, décemment d'ailleurs, assis, la tête penchée de côté et comme écoutant avec intérêt la conversation ; il se réveillait même de temps en temps et plaçait son mot.

Ensuite il avait fallu s'asseoir à une table de

whist, jeu qu'il détestait parce qu'il exige une certaine application. Tout cela l'avait mené assez tard. Onze heures et demie venaient de sonner. Chaverny n'avait pas d'engagement pour la soirée : il ne savait absolument que faire. Pendant qu'il était dans cette perplexité, on annonça sa voiture. S'il rentrait chez lui, il devait ramener sa femme. La perspective d'un tête-à-tête de vingt minutes avait de quoi l'effrayer ; mais il n'avait pas de cigares dans sa poche, et il mourait d'envie d'entamer une boîte qu'il avait reçue du Havre au moment même où il sortait pour aller dîner. Il se résigna.

Comme il enveloppait sa femme dans son châle, il ne put s'empêcher de sourire en se voyant dans une glace remplir ainsi les fonctions d'un mari de huit jours. Il considéra aussi sa femme, qu'il avait à peine regardée. Ce soir-là elle lui parut plus jolie que de coutume : aussi fut-il quelque temps à ajuster ce châle sur ses épaules. Julie était aussi contrariée que lui du tête-à-tête conjugal qui se préparait. Sa bouche faisait une petite moue boudeuse, et ses sourcils arqués se rapprochaient involontairement. Tout cela donnait à sa physionomie une expression si agréable, qu'un mari même n'y pouvait rester insensible. Leurs yeux se rencontrèrent dans la glace pendant l'opération dont je

1.

viens de parler. L'un et l'autre furent embarrassés. Pour se tirer d'affaire, Chaverny baisa en souriant la main de sa femme, qu'elle levait pour arranger son châle.

— Comme ils s'aiment! dit tout bas madame de Lussan, qui ne remarqua ni le froid dédain de la femme ni l'air d'insouciance du mari.

Assis tous les deux dans leur voiture et se touchant presque, ils furent d'abord quelque temps sans parler. Chaverny sentait bien qu'il était convenable de dire quelque chose, mais rien ne lui venait à l'esprit. Julie, de son côté, gardait un silence désespérant. Il bâilla trois ou quatre fois, si bien qu'il en fut honteux lui-même, et que la dernière fois il se crut obligé d'en demander pardon à sa femme.

— La soirée a été longue, ajouta-t-il pour s'excuser.

Julie ne vit dans cette phrase que l'intention de critiquer les soirées de sa mère et de lui dire quelque chose de désagréable. Depuis longtemps elle avait pris l'habitude d'éviter toute explication avec son mari : elle continua donc de garder le silence.

Chaverny qui, ce soir-là, se sentait malgré lui en humeur causeuse, poursuivit au bout de deux minutes :

— J'ai bien dîné aujourd'hui; mais je suis bien aise de vous dire que le champagne de votre mère est trop sucré.

— Comment? demanda Julie en tournant la tête de son côté avec beaucoup de nonchalance et feignant de n'avoir rien entendu.

— Je disais que le champagne de votre mère est trop sucré. J'ai oublié de le lui dire. C'est une chose étonnante, mais on s'imagine qu'il est facile de choisir du champagne. Eh bien! il n'y a rien de plus difficile. Il y a vingt qualités de champagne qui sont mauvaises, et il n'y en a qu'une qui soit bonne.

— Ah!... Et Julie, après avoir accordé cette interjection à la politesse, tourna la tête et regarda par la portière de son côté. Chaverny se renversa en arrière et posa les pieds sur le coussin du devant de la calèche, un peu mortifié que sa femme se montrât aussi insensible à toutes les peines qu'il se donnait pour engager la conversation.

Cependant, après avoir bâillé encore deux ou trois fois, il continua en se rapprochant de Julie :

— Vous avez là une robe qui vous sied à ravir, Julie. Où l'avez-vous achetée?

— Il veut sans doute en acheter une semblable à sa maîtresse, pensa Julie. — Chez Burty, répondit-elle, en souriant légèrement.

— Pourquoi riez-vous? demanda Chaverny, ôtant ses pieds du coussin et se rapprochant davantage. En même temps il prit une manche de sa robe et se mit à la toucher un peu à la manière de Tartufe.

— Je ris, dit Julie, de ce que vous remarquez ma toilette. Prenez garde, vous chiffonnez mes manches. Et elle retira sa manche de la main de Chaverny.

— Je vous assure que je fais une grande attention à votre toilette, et que j'admire singulièrement votre goût. Non, d'honneur, j'en parlais l'autre jour à... une femme qui s'habille toujours mal... bien qu'elle dépense horriblement pour sa toilette... Elle ruinerait... Je lui disais... Je vous citais...

Julie jouissait de son embarras, et ne cherchait pas à le faire cesser en l'interrompant.

— Vos chevaux sont bien mauvais. Ils ne marchent pas! Il faudra que je vous les change, dit Chaverny, tout à fait déconcerté.

Pendant le reste de la route la conversation ne prit pas plus de vivacité; de part et d'autre on n'alla pas plus loin que la réplique.

Les deux époux arrivèrent enfin rue***, et se séparèrent en se souhaitant une bonne nuit.

Julie commençait à se déshabiller, et sa femme

de chambre venait de sortir, je ne sais pour quel motif, lorsque la porte de sa chambre à coucher s'ouvrit assez brusquement, et Chaverny entra. Julie se couvrit précipitamment les épaules.

— Pardon, dit-il; je voudrais bien pour m'endormir le dernier volume de Scott... N'est-ce pas Quentin Durward?

— Il doit être chez vous, répondit Julie; il n'y a pas de livres ici.

Chaverny contemplait sa femme dans ce demi-désordre si favorable à la beauté. Il la trouvait *piquante*, pour me servir d'une de ces expressions que je déteste. C'est vraiment une fort belle femme ! pensait-il. Et il restait debout, immobile, devant elle, sans dire un mot et son bougeoir à la main. Julie, debout aussi en face de lui, chiffonnait son bonnet et semblait attendre avec impatience qu'il la laissât seule.

— Vous êtes charmante ce soir, le diable m'emporte! s'écria enfin Chaverny en s'avançant d'un pas et posant son bougeoir. Comme j'aime les femmes avec les cheveux en désordre! Et en parlant il saisit d'une main les longues tresses de cheveux qui couvraient les épaules de Julie, et lui passa presque tendrement un bras autour de la taille.

— Ah! Dieu! vous sentez le tabac à faire horreur! s'écria Julie en se détournant. Laissez mes cheveux, vous allez les imprégner de cette odeur-là, et je ne pourrai plus m'en débarrasser.

— Bah! vous dites cela à tout hasard et parce que vous savez que je fume quelquefois. Ne faites donc pas tant la difficile, ma petite femme.

Et elle ne put se débarrasser de ses bras assez vite pour éviter un baiser qu'il lui donna sur l'épaule.

Heureusement pour Julie, sa femme de chambre rentra; car il n'y a rien de plus odieux pour une femme que ces caresses qu'il est presque aussi ridicule de refuser que d'accepter.

— Marie, dit madame de Chaverny, le corsage de ma robe bleue est beaucoup trop long. J'ai vu aujourd'hui madame de Bégy, qui a toujours un goût parfait; son corsage était certainement de deux bons doigts plus court. Tenez, faites un rempli avec des épingles tout de suite pour voir l'effet que cela fera.

Ici s'établit entre la femme de chambre et la maîtresse un dialogue des plus intéressants sur les dimensions précises que doit avoir un corsage. Julie savait bien que Chaverny ne haïssait rien tant que d'entendre parler de modes, et qu'elle allait le mettre en fuite. Aussi, après cinq minutes d'allées et venues, Chaverny, voyant que Julie était tout occupée de son corsage, bâilla d'une manière effrayante, reprit son bougeoir et sortit cette fois pour ne plus revenir.

III

Le commandant Perrin était assis devant une petite table et lisait avec attention. Sa redingote parfaitement brossée, son bonnet de police, et surtout la roideur inflexible de sa poitrine, annonçaient un vieux militaire. Tout était propre dans sa chambre, mais de la plus grande simplicité. Un encrier et deux plumes toutes taillées étaient sur sa table à côté d'un cahier de papier à lettres dont on n'avait pas usé une feuille depuis un an au moins. Si le commandant Perrin n'écrivait pas, en revanche il lisait beaucoup. Il lisait alors les *Lettres persanes* en fumant sa pipe d'écume de mer, et ces deux occupations captivaient tellement

toute son attention, qu'il ne s'aperçut pas d'abord
de l'entrée dans sa chambre du commandant de
Châteaufort. C'était un jeune officier de son régiment, d'une figure charmante, fort aimable, un
peu fat, très protégé du ministre de la guerre, en
un mot, l'opposé du commandant Perrin sous presque tous les rapports. Cependant ils étaient amis,
je ne sais pourquoi, et se voyaient tous les jours.

Châteaufort frappa sur l'épaule du commandant
Perrin. Celui-ci tourna la tête sans quitter sa pipe.
Sa première expression fut de joie en voyant son
ami; la seconde, de regret, le digne homme! parce
qu'il allait quitter son livre; la troisième indiquait
qu'il avait pris son parti et qu'il allait faire de son
mieux les honneurs de son appartement. Il fouillait
à sa poche pour chercher une clef ouvrant une
armoire où était renfermée une précieuse boîte de
cigares que le commandant ne fumait pas lui-
même, et qu'il donnait un à un à son ami; mais
Châteaufort, qui l'avait vu cent fois faire le même
geste, s'écria : —Restez donc, papa Perrin, gardez
vos cigares; j'en ai sur moi! Puis tirant d'un élégant étui de paille du Mexique un cigare couleur
de cannelle, bien effilé des deux bouts, il l'alluma
et s'étendit sur un petit canapé, dont le commandant Perrin ne se servait jamais, la tête sur un

oreiller, les pieds sur le dossier opposé. Châteaufort commença par s'envelopper d'un nuage de fumée, pendant que, les yeux fermés, il paraissait méditer profondément sur ce qu'il avait à dire. Sa figure était rayonnante de joie, et il paraissait renfermer avec peine dans sa poitrine le secret d'un bonheur qu'il brûlait d'envie de laisser deviner. Le commandant Perrin, ayant placé sa chaise en face du canapé, fuma quelque temps sans rien dire; puis, comme Châteaufort ne se pressait pas de parler, il lui dit :

— Comment se porte Ourika?

Il s'agissait d'une jument noire que Châteaufort avait un peu surmenée et qui était menacée de devenir poussive.

—Fort bien, dit Châteaufort, qui n'avait pas écouté la question. Perrin! s'écria-t-il en étendant vers lui la jambe qui reposait sur le dossier du canapé, savez-vous que vous êtes heureux de m'avoir pour ami?...

Le vieux commandant cherchait en lui-même quels avantages lui avait procurés la connaissance de Châteaufort, et il ne trouvait guère que le don de quelques livres de Kanaster et quelques jours d'arrêts forcés qu'il avait subis pour s'être mêlé d'un duel où Châteaufort avait joué le premier rôle. Son ami lui donnait, il est vrai, de nombreuses marques de confiance. C'était toujours à lui que Châteaufort s'adressait pour se faire remplacer quand il était de service ou quand il avait besoin d'un second.

Châteaufort ne le laissa pas longtemps à ses recherches et lui tendit une petite lettre écrite sur du papier anglais satiné, d'une jolie écriture en pieds de mouche. Le commandant Perrin fit une grimace qui, chez lui, équivalait à un sourire. Il avait vu souvent de ces lettres satinées et couvertes de pieds de mouche, adressées à son ami.

— Tenez, dit celui-ci, lisez. C'est à moi que vous devez cela.

Perrin lut ce qui suit :

« Vous seriez bien aimable, cher Monsieur, de venir dîner avec nous. M. de Chaverny serait allé vous en prier, mais il a été obligé de se rendre à une partie de chasse. Je ne connais pas l'adresse de M. le commandant Perrin, et je ne puis lui écrire pour le prier de vous accompagner. Vous m'avez donné beaucoup d'envie de le connaître, et je vous aurai une double obligation si vous nous l'amenez.
    » JULIE DE CHAVERNY.

» *P. S.* J'ai bien des remerciements à vous faire

pour la musique que vous avez pris la peine de copier pour moi. Elle est ravissante, et il faut toujours admirer votre goût. Vous ne venez plus à nos jeudis; vous savez pourtant tout le plaisir que nous avons à vous voir. »

— Une jolie écriture, mais bien fine, dit Perrin en finissant. Mais diable! son dîner me scie le dos; car il faudra se mettre en bas de soie, et pas de fumerie après le dîner!

— Beau malheur, vraiment! préférer la plus jolie femme de Paris à une pipe!..... Ce que j'admire, c'est votre gratitude. Vous ne me remerciez pas du bonheur que vous me devez.

— Vous remercier! Mais ce n'est pas à vous que j'ai l'obligation de ce dîner... si obligation il y a.

— A qui donc?

— A Chaverny, qui a été capitaine chez nous. Il aura dit à sa femme : Invite Perrin, c'est un bon diable. Comment voulez-vous qu'une jolie femme, que je n'ai jamais vue qu'une fois, pense à inviter une vieille culotte de peau comme moi?

Châteaufort sourit en se regardant dans la glace très étroite qui décorait la chambre du commandant.

— Vous n'avez pas de perspicacité aujourd'hui, papa Perrin. Relisez-moi ce billet, et vous y trou-

verez peut-être quelque chose que vous n'y avez
pas vu.

Le commandant tourna, retourna le billet et ne
vit rien.

— Comment, vieux dragon! s'écria Châteaufort, vous ne voyez pas qu'elle vous invite afin de
me faire plaisir, seulement pour me prouver qu'elle
fait cas de mes amis... qu'elle veut me donner la
preuve... de...?

— De quoi? interrompit Perrin.

— De... vous savez bien de quoi.

— Qu'elle vous aime? demanda le commandant
d'un air de doute.

Châteaufort siffla sans répondre.

— Elle est donc amoureuse de vous?

Châteaufort sifflait toujours.

— Elle vous l'a dit?

— Mais... cela se voit, ce me semble.

— Comment?... dans cette lettre?

— Sans doute.

Ce fut le tour de Perrin à siffler. Son sifflet fut
aussi significatif que le fameux *Lillibulero* de mon
oncle Toby.

— Comment! s'écria Châteaufort, arrachant la
lettre des mains de Perrin, vous ne voyez pas tout
ce qu'il y a de... tendre... oui, de tendre, là-dedans?

Qu'avez-vous à dire à ceci : *Cher Monsieur?* Notez bien que dans un autre billet elle m'écrivait : *Monsieur*, tout court. *Je vous aurai une double obligation*, cela est positif. Et voyez-vous, il y a un mot effacé après, c'est *mille ;* elle voulait mettre *mille amitiés,* mais elle n'a pas osé ; *mille compliments,* ce n'était pas assez... Elle n'a pas fini son billet... Oh ! mon ancien ! voulez-vous par hasard qu'une femme bien née comme madame de Chaverny aille se jeter à la tête de votre serviteur comme ferait une petite grisette?... Je vous dis, moi, que sa lettre est charmante, et qu'il faut être aveugle pour ne pas y voir de la passion... Et les reproches de la fin, parce que je manque à un seul jeudi, qu'en dites-vous?

— Pauvre petite femme ! s'écria Perrin, ne t'amourache pas de celui-là : tu t'en repentirais bien vite !

Châteaufort ne fit pas attention à la prosopopée de son ami : mais, prenant un ton de voix bas et insinuant :

— Savez-vous, mon cher, dit-il, que vous pourriez me rendre un grand service?

— Comment?

— Il faut que vous m'aidiez dans cette affaire. Je sais que son mari est très mal pour elle, —

c'est un animal qui la rend malheureuse... vous l'avez connu, vous, Perrin ; dites bien à sa femme que c'est un brutal, un homme qui a la réputation la plus mauvaise...

— Oh !...

— Un libertin... vous le savez. Il avait des maîtresses lorsqu'il était au régiment ; et quelles maîtresses ! Dites tout cela à sa femme.

— Oh ! comment dire cela ? Entre l'arbre et l'écorce...

— Mon Dieu ! il y a manière de tout dire !... Surtout dites du bien de moi.

— Pour cela, c'est plus facile. Pourtant...

— Pas si facile, écoutez ; car, si je vous laissais dire, vous feriez tel éloge de moi qui n'arrangerait pas mes affaires... Dites-lui que *depuis quelque temps* vous remarquez que je suis triste, que je ne parle plus, que je ne mange plus...

— Pour le coup ! s'écria Perrin avec un gros rire qui faisait faire à sa pipe les mouvements les plus ridicules, jamais je ne pourrai dire cela en face à madame de Chaverny. Hier soir encore, il a presque fallu vous emporter après le dîner que les camarades nous ont donné.

— Soit, mais il est inutile de lui conter cela. Il est bon qu'elle sache que je suis amoureux d'elle ;

et ces faiseurs de romans ont persuadé aux femmes qu'un homme qui boit et mange ne peut être amoureux.

— Quant à moi, je ne connais rien qui me fasse perdre le boire ou le manger.

— Eh bien, mon cher Perrin, dit Châteaufort en mettant son chapeau et arrangeant les boucles de ses cheveux, voilà qui est convenu ; jeudi prochain je viens vous prendre ; souliers et bas de soie, tenue de rigueur ! Surtout n'oubliez pas de dire des horreurs du mari, et beaucoup de bien de moi.

Il sortit en agitant sa badine avec beaucoup de grâce, laissant le commandant Perrin fort préoccupé de l'invitation qu'il venait de recevoir, et encore plus perplexe en songeant aux bas de soie et à la tenue de rigueur.

IV

Plusieurs personnes invitées chez madame de Chaverny s'étant excusées, le diner se trouva quelque peu triste. Châteaufort était à côté de Julie, fort empressé à la servir, galant et aimable à son ordinaire. Pour Chaverny, qui avait fait une longue promenade à cheval le matin, il avait un appétit prodigieux. Il mangeait donc et buvait de manière à en donner envie aux plus malades. Le commandant Perrin lui tenait compagnie, lui versant souvent à boire, et riant à casser les verres toutes les fois que la grosse gaieté de son hôte lui en fournissait l'occasion. Chaverny, se retrouvant avec des militaires, avait repris aussitôt sa bonne humeur et ses manières du régiment; d'ailleurs il n'avait jamais été des plus délicats dans le choix de ses plaisanteries. Sa femme prenait un air froidement dédaigneux à chaque saillie incongrue : alors elle se tournait du côté de Châteaufort, et commençait un aparté avec lui, pour n'avoir pas l'air d'entendre une conversation qui lui déplaisait souverainement.

Voici un échantillon de l'urbanité de ce modèle des époux. Vers la fin du dîner, la conversation étant tombée sur l'Opéra, on discutait le mérite relatif de plusieurs danseuses, et entre autres on vantait beaucoup mademoiselle ***. Sur quoi Châteaufort renchérit sur les autres, louant surtout sa grâce, sa tournure, son air décent.

Perrin, que Châteaufort avait mené à l'Opéra quelques jours auparavant, et qui n'y était allé que cette seule fois, se souvenait fort bien de mademoiselle ***.

— Est-ce, dit-il, cette petite en rose, qui saute comme un cabri?... qui a des jambes dont vous parliez tant, Châteaufort?

— Ah! vous parliez de ses jambes! s'écria Chaverny; mais savez-vous que, si vous en parlez trop, vous vous brouillerez avec votre général, le duc de J***! Prenez garde à vous, mon camarade!

— Mais je ne le suppose pas tellement jaloux,

qu'il défende de les regarder au travers d'une lorgnette.

— Au contraire, car il en est aussi fier que s'il les avait découvertes. Qu'en dites-vous, commandant Perrin?

— Je ne me connais guère qu'en jambes de chevaux, répondit modestement le vieux soldat.

— Elles sont en vérité admirables, reprit Chaverny, et il n'y en a pas de plus belles à Paris, excepté celles... Il s'arrêta et se mit à friser sa moustache d'un air goguenard en regardant sa femme, qui rougit aussitôt jusqu'aux épaules.

— Excepté celles de mademoiselle D***? interrompit Châteaufort en citant une autre danseuse.

— Non, répondit Chaverny du ton tragique de Hamlet : — *mais regarde ma femme.*

Julie devint pourpre d'indignation. Elle lança à son mari un regard rapide comme l'éclair, mais où se peignaient le mépris et la fureur. Puis, s'efforçant de se contraindre, elle se tourna brusquement vers Châteaufort.

— Il faut, dit-elle d'une voix légèrement tremblante, il faut que nous étudiions le duo de *Maometto*. Il doit être parfaitement dans votre voix.

Chaverny n'était pas aisément démonté.

— Châteaufort, poursuivit-il, savez-vous que j'ai

voulu faire mouler autrefois les jambes dont je parle? Mais on n'a jamais voulu le permettre.

Châteaufort, qui éprouvait une joie très vive de cette impertinente révélation, n'eut pas l'air d'avoir entendu, et parla de *Maometto* avec madame de Chaverny.

— La personne que je veux dire, continua l'impitoyable mari, se scandalisait ordinairement quand on lui rendait justice sur cet article, mais au fond elle n'en était pas fâchée. Savez-vous qu'elle se fait prendre mesure par son marchand de bas?... — Ma femme, ne vous fâchez pas... *sa marchande*, veux-je dire. Et lorsque j'ai été à Bruxelles, j'ai emporté trois pages de son écriture contenant les instructions les plus détaillées pour des emplettes de bas.

Mais il avait beau parler, Julie était déterminée à ne rien entendre. Elle causait avec Châteaufort, et lui parlait avec une affectation de gaieté, et son sourire gracieux cherchait à lui persuader qu'elle n'écoutait que lui. Châteaufort, de son côté, paraissait tout entier au *Maometto;* mais il ne perdait rien des impertinences de Chaverny.

Après le dîner, on fit de la musique, et madame de Chaverny chanta au piano avec Châteaufort. Chaverny disparut au moment où le piano s'ouvrit.

Plusieurs visites survinrent, mais n'empêchèrent pas Châteaufort de parler bas très souvent à Julie. En sortant, il déclara à Perrin qu'il n'avait pas perdu sa soirée, et que ses affaires avançaient.

Perrin trouvait tout simple qu'un mari parlât des jambes de sa femme : aussi, quand il fut seul dans la rue avec Châteaufort, il lui dit d'un ton pénétré :

— Comment vous sentez-vous le cœur de troubler un si bon ménage ? il aime tant sa petite femme !

V

Depuis un mois Chaverny était fort préoccupé de l'idée de devenir gentilhomme de la chambre. On s'étonnera peut-être qu'un homme gros, paresseux, aimant ses aises, fût accessible à une pensée d'ambition; mais il ne manquait pas de bonnes raisons pour justifier la sienne. D'abord, disait-il à ses amis, je dépense beaucoup d'argent en loges que je donne à des femmes. Quand j'aurai un emploi à la cour, j'aurai, sans qu'il m'en coûte un sou, autant de loges que je voudrai. Et l'on sait tout ce que l'on obtient avec des loges. En outre, j'aime beaucoup la chasse : les chasses royales seront à moi. Enfin, maintenant que je n'ai plus d'uniforme, je ne sais comment m'habiller pour aller aux bals de Madame; je n'aime pas les habits de marquis; un habit de gentilhomme de la chambre m'ira très bien. En conséquence, il sollicitait. Il aurait voulu que sa femme sollicitât aussi, mais elle s'y était refusée obstinément, bien qu'elle eût plusieurs amies très puissantes. Ayant rendu quelques petits services au duc de H***, qui était alors fort bien en cour, il attendait beaucoup de son crédit. Son ami Châteaufort, qui avait aussi de très belles connaissances, le servait avec un zèle et un dévouement tels que vous en rencontrerez peut-être, si vous êtes le mari d'une jolie femme.

Une circonstance avança beaucoup les affaires de Chaverny, bien qu'elle pût avoir pour lui des conséquences assez funestes. Madame de Chaverny s'était procuré, non sans quelque peine, une loge à l'Opéra un certain jour de première représentation. Cette loge était à six places. Son mari, par extraordinaire et après de vives remontrances, avait consenti à l'accompagner. Or Julie voulait offrir une place à Châteaufort, et, sentant qu'elle ne pouvait aller seule avec lui à l'Opéra, elle avait obligé son mari à venir à cette représentation.

Aussitôt après le premier acte, Chaverny sortit, laissant sa femme en tête-à-tête avec son ami.

Tous les deux gardèrent d'abord le silence d'un air un peu contraint : Julie, parce qu'elle était embarassée elle-même depuis quelque temps quand elle se trouvait seule avec Châteaufort; celui-ci, parce qu'il avait ses projets et qu'il avait trouvé bienséant de paraître ému. Jetant à la dérobée un coup d'œil sur la salle, il vit avec plaisir plusieurs lorgnettes de connaissance dirigées sur la loge. Il éprouvait une vive satisfaction à penser que plusieurs de ses amis enviaient son bonheur, et, selon toute apparence, le supposaient beaucoup plus grand qu'il n'était en réalité.

Julie, après avoir senti sa cassolette et son bouquet à plusieurs reprises, parla de la chaleur, du spectacle, des toilettes, Châteaufort écoutait avec distraction, soupirait, s'agitait sur sa chaise, regardait Julie et soupirait encore. Julie commençait à s'inquiéter, tout d'un coup il s'écria :

— Combien je regrette le temps de la chevalerie!

— Le temps de la chevalerie! Pourquoi donc? demanda Julie. Sans doute parce qu'un costume du moyen âge vous irait bien?

— Vous me croyez bien fat, dit-il d'un ton d'amertume et de tristesse. — Non, je regrette ce temps-là... parce qu'un homme qui se sentait du

cœur... pouvait aspirer à... bien des choses...
En définitive, il ne s'agissait que de pourfendre un
géant pour plaire à une dame... Tenez, vous voyez
ce grand colosse au balcon? je voudrais que vous
m'ordonnassiez d'aller lui demander sa moustache
pour me donner ensuite la permission de vous dire
trois petits mots sans vous fâcher.

—Quelle folie! s'écria Julie, rougissant jusqu'au
blanc des yeux, car elle devinait déjà ces trois petits mots. Mais voyez donc madame de Sainte-
Hermine décolletée à son âge et en toilette de bal!

—Je ne vois qu'une chose, c'est que vous ne voulez pas m'entendre, et il y a longtemps que je m'en
aperçois... Vous le voulez, je me tais; mais... ajouta-
t-il très bas et en soupirant, vous m'avez compris...

— Non, en vérité, dit sèchement Julie. Mais où
donc est allé mon mari?

Une visite survint fort à propos pour la tirer
d'embarras. Châteaufort n'ouvrit pas la bouche. Il
était pâle et paraissait profondément affecté. Lorsque le visiteur sortit, il fit quelques remarques indifférentes sur le spectacle. Il y avait de longs in-
tervalles de silence entre eux.

Le second acte allait commencer, quand la porte
de la loge s'ouvrit, et Chaverny parut, conduisant
une femme très jolie et très parée, coiffée de ma-

gnifiques plumes roses. Il était suivi du duc de H***.

— Ma chère amie, dit-il à sa femme, j'ai trouvé monsieur le duc et madame dans une horrible loge de côté d'où l'on ne peut voir les décorations. Ils ont bien voulu accepter une place dans la nôtre.

Julie s'inclina froidement; le duc de H*** lui déplaisait. Le duc et la dame aux plumes roses se confondaient en excuses et craignaient de la déranger. Il se fit un mouvement et un combat de générosité pour se placer. Pendant le désordre qui s'ensuivit, Châteaufort se pencha à l'oreille de Julie et lui dit très bas et très vite :

— Pour l'amour de Dieu, ne vous placez pas sur le devant de la loge. Julie fut fort étonnée et resta à sa place. Tous étant assis, elle se tourna vers Châteaufort et lui demanda d'un regard un peu sévère l'explication de cette énigme. Il était assis, le cou roide, les lèvres pincées, et toute son attitude annonçait qu'il était prodigieusement contrarié. En y réfléchissant, Julie interpréta assez mal la recommandation de Châteaufort. Elle pensa qu'il voulait lui parler bas pendant la représentation et continuer ses étranges discours, ce qui lui était impossible si elle restait sur le devant. Lorsqu'elle reporta ses regards vers la salle, elle remarqua que plusieurs femmes dirigeaient leurs lorgnettes vers sa loge ; mais il en est toujours ainsi à l'apparition d'une figure nouvelle. On chuchotait, on souriait ; mais qu'y avait-il d'extraordinaire ? On est si petite ville à l'Opéra !

La dame inconnue se pencha vers le bouquet de Julie, et dit avec un sourire charmant :

— Vous avez là un superbe bouquet, Madame ! Je suis sûre qu'il a dû coûter bien cher dans cette saison : au moins dix francs. Mais on vous l'a donné ! c'est un cadeau, sans doute ? Les dames n'achètent jamais leurs bouquets.

Julie ouvrait de grands yeux et ne savait avec quelle provinciale elle se trouvait.

— Duc, dit la dame d'un air languissant, vous ne m'avez pas donné de bouquet. Chaverny se précipita vers la porte. Le duc voulait l'arrêter, la dame aussi ; elle n'avait plus envie du bouquet. Julie échangea un coup d'œil avec Châteaufort. Il voulait dire : Je vous remercie, mais il est trop tard. Pourtant elle n'avait pas encore deviné juste.

Pendant toute la représentation, la dame aux plumes tambourinait des doigts à contre-mesure et parlait musique à tort et à travers. Elle questionnait Julie sur le prix de sa robe, de ses bijoux, de ses chevaux. Jamais Julie n'avait vu des manières semblables. Elle conclut que l'inconnue

devait être une parente du duc, arrivée récemment
de la basse Bretagne. Lorsque Chaverny revint avec
un énorme bouquet, bien plus beau que celui de sa
femme, ce fut une admiration, et des remerciements,
et des excuses à n'en plus finir.

— Monsieur de Chaverny, je ne suis pas ingrate,
dit la provinciale prétendue après une longue
tirade; pour vous le prouver, *faites-moi penser
à vous promettre quelque chose,* comme dit Potier.
Vrai, je vous broderai une bourse quand j'aurai
achevé celle que j'ai promise au duc.

Enfin l'opéra finit, à la grande satisfaction de
Julie, qui se sentait mal à l'aise à côté de sa singulière voisine. Le duc lui offrit le bras, Chaverny
prit celui de l'autre dame. Châteaufort, l'air sombre
et mécontent, marchait derrière Julie, saluant d'un
air contraint les personnes de sa connaissance qu'il
rencontrait sur l'escalier.

Quelques femmes passèrent auprès d'eux. Julie
les connaissait de vue. Un jeune homme leur parla
bas et en ricanant; elles regardèrent aussitôt avec
un air de très vive curiosité Chaverny et sa femme,
et l'une d'elles s'écria :

— Est-il possible !

La voiture du duc parut; il salua madame de
Chaverny en lui renouvelant avec chaleur tous ses

remerciements pour sa complaisance. Cependant Chaverny voulait reconduire la dame inconnue jusqu'à la voiture du duc, et Julie et Châteaufort restèrent seuls un instant.

— Quelle est donc cette femme? demanda Julie.

— Je ne dois pas vous le dire... car cela est bien extraordinaire!

— Comment?

— Au reste, toutes les personnes qui vous connaissent sauront bien à quoi s'en tenir.... Mais Chaverny!... Je ne l'aurais jamais cru.

— Mais enfin qu'est-ce donc? Parlez, au nom du ciel! Quelle est cette femme?

Chaverny revenait. Châteaufort répondit à voix basse :

— La maîtresse du duc de H***, madame Mélanie R***.

— Bon Dieu! s'écria Julie en regardant Châteaufort d'un air stupéfait, cela est impossible!

Châteaufort haussa les épaules, et, en la conduisant à sa voiture, il ajouta :

— C'est ce que disaient ces dames que nous avons rencontrées sur l'escalier. Pour l'autre, c'est une personne comme il faut dans son genre. Il lui faut des soins, des égards... Elle a même un mari.

— Chère amie, dit Chaverny d'un ton joyeux,

vous n'avez pas besoin de moi pour vous reconduire. Bonne nuit. Je vais souper chez le duc.

Julie ne répondit rien.

— Châteaufort, poursuivit Chaverny, voulez-vous venir avec moi chez le duc? Vous êtes invité, on vient de me le dire. On vous a remarqué. Vous avez plu, bon sujet!

Châteaufort remercia froidement. Il salua madame de Chaverny, qui mordait son mouchoir avec rage lorsque sa voiture partit.

— Ah çà, mon cher, dit Chaverny, au moins vous me mènerez dans votre cabriolet jusqu'à la porte de cette infante.

— Volontiers, répondit gaiement Châteaufort; mais, à propos, savez-vous que votre femme a compris à la fin à côté de qui elle était?

— Impossible.

— Soyez-en sûr, et ce n'était pas bien de votre part.

— Bah! elle a très bon ton; et puis on ne la connaît pas encore beaucoup. Le duc la mène partout.

VI

Madame de Chaverny passa une nuit fort agitée. La conduite de son mari à l'Opéra mettait le comble à tous ses torts, et lui semblait exiger une séparation immédiate. Elle aurait le lendemain une explication avec lui, et lui signifierait son intention de ne plus vivre sous le même toit avec un homme qui l'avait compromise d'une manière si cruelle. Pourtant cette explication l'effrayait. Jamais elle n'avait eu une conversation sérieuse avec son mari. Jusqu'alors elle n'avait exprimé son mécontentement que par des bouderies auxquelles Chaverny n'avait fait aucune attention; car, laissant à sa femme une entière liberté, il ne se serait jamais avisé de croire qu'elle pût lui refuser l'indulgence dont au besoin il était disposé à user envers elle. Elle craignait surtout de pleurer au milieu de cette explication, et que Chaverny n'attribuât ces larmes à un amour blessé. C'est alors qu'elle regrettait vivement l'absence de sa mère, qui aurait pu lui donner un bon conseil ou se charger de prononcer la sentence de séparation. Toutes ces réflexions la jetèrent dans une grande incertitude, et, quand elle s'endormit, elle avait pris la résolution de consulter une femme de ses amies qui l'avait connue fort jeune, et de s'en remettre à sa prudence pour la conduite à tenir à l'égard de Chaverny.

Tout en se livrant à son indignation, elle n'avait pu s'empêcher de faire involontairement un parallèle entre son mari et Châteaufort. L'énorme inconvenance du premier faisait ressortir la délicatesse du second, et elle reconnaissait avec un certain plaisir, mais en se le reprochant toutefois, que l'amant était plus soucieux de sa réputation que le mari. Cette comparaison morale l'entraînait malgré elle à constater l'élégance des manières de Châteaufort et la tournure médiocrement distinguée de Chaverny. Elle voyait son mari, avec son ventre un peu proéminent, faisant lourdement l'empressé auprès de la maitresse du duc de H***, tandis que Châteaufort, plus respectueux encore que de coutume, semblait chercher à retenir autour d'elle la considération que son mari pouvait lui faire perdre. Enfin, comme nos pensées nous entraînent loin malgré nous, elle se représenta plus d'une fois qu'elle pouvait devenir veuve, et qu'alors, jeune, riche, rien ne s'opposerait à ce qu'elle couronnât légitimement l'amour constant du jeune chef d'escadron. Un essai malheureux ne concluait rien contre le mariage, et si l'attachement de Châteaufort était véritable... Mais alors elle chassait ces pensées dont elle rougissait, et se promettait de mettre plus de réserve que jamais dans ses relations avec lui.

Elle se réveilla avec un grand mal de tête, et encore plus éloignée que la veille d'une explication décisive. Elle ne voulut pas descendre pour déjeuner de peur de rencontrer son mari, se fit apporter du thé dans sa chambre, et demanda sa voiture pour aller chez madame Lambert, cette amie qu'elle voulait consulter. Cette dame était alors à sa campagne à P.

En déjeunant, elle ouvrit un journal. Le premier article qui tomba sous ses yeux était ainsi conçu : « M. Darcy, premier secrétaire de l'ambassade de France à Constantinople, est arrivé avant-hier à Paris chargé de dépêches. Ce jeune diplomate a eu, immédiatement après son arrivée, une longue conférence avec S. Exc. M. le ministre des affaires étrangères. »

— Darcy à Paris! s'écria-t-elle. J'aurai du plaisir à le revoir. Est-il devenu bien roide? — *Ce jeune diplomate!* Darcy, jeune diplomate! Et elle ne put s'empêcher de rire toute seule de ce mot : *Jeune diplomate.*

Ce Darcy venait autrefois fort assidûment aux soirées de madame de Lussan; il était alors *attaché au ministère des affaires étrangères.* Il avait quitté Paris quelque temps avant le mariage de Julie, et depuis elle ne l'avait pas revu. Seulement elle savait qu'il avait beaucoup voyagé, et qu'il avait obtenu un avancement rapide.

Elle tenait encore le journal à la main lorsque son mari entra. Il paraissait d'une humeur charmante. A son aspect elle se leva pour sortir : mais, comme il aurait fallu passer tout près de lui pour entrer dans son cabinet de toilette, elle demeura debout à la même place, mais tellement émue, que sa main, appuyée sur la table à thé, faisait distinctement trembler le cabaret de porcelaine.

— Ma chère amie, dit Chaverny, je viens vous

dire adieu pour quelques jours. Je vais chasser chez le duc de H***. Je vous dirai qu'il est enchanté de votre hospitalité d'hier soir. — Mon affaire marche bien, et il m'a promis de me recommander au roi de la manière la plus pressante.

Julie pâlissait et rougissait tour à tour en l'écoutant.

— M. le duc de H*** vous doit cela... dit-elle d'une voix tremblante. Il ne peut faire moins pour quelqu'un qui compromet sa femme de la manière la plus scandaleuse avec les maîtresses de son protecteur.

Puis, faisant un effort désespéré, elle traversa la chambre d'un pas majestueux, et entra dans son cabinet de toilette dont elle ferma la porte avec force.

Chaverny resta un moment la tête basse et l'air confus.

— D'où diable sait-elle cela? pensa-t-il. Qu'importe après tout? ce qui est fait est fait!

Et, comme ce n'était pas son habitude de s'arrêter longtemps sur une idée désagréable, il fit une pirouette, prit un morceau de sucre dans le sucrier, et cria la bouche pleine à la femme de chambre qui entrait :

— Dites à ma femme que je resterai quatre à

cinq jours chez le duc de H***, et que je lui enverrai du gibier.

Il sortit ne pensant plus qu'aux faisans et aux chevreuils qu'il allait tuer.

VII

Julie partit pour P... avec un redoublement de colère contre son mari ; mais, cette fois, c'était pour un motif assez léger. Il avait pris, pour aller au château du duc de H***, la calèche neuve, laissant à sa femme une autre voiture qui, au dire du cocher, avait besoin de réparations.

Pendant la route, madame de Chaverny s'apprêtait à raconter son aventure à madame Lambert. Malgré son chagrin, elle n'était pas insensible à la satisfaction que donne à tout narrateur une histoire bien contée, et elle se préparait à son récit en cherchant des exordes, et commençant tantôt d'une manière, tantôt d'une autre. Il en résulta qu'elle vit les énormités de son mari sous toutes leurs faces, et que son ressentiment s'en augmenta en proportion.

Il y a, comme chacun sait, plus de quatre lieues de Paris à P..., et, quelque long que fût le réquisitoire de madame de Chaverny, on conçoit qu'il est impossible, même à la haine la plus envenimée, de retourner la même idée pendant quatre lieues de suite. Aux sentiments violents que les torts de son mari lui inspiraient venaient se joindre des souvenirs doux et mélancoliques, par cette étrange faculté de la pensée humaine qui associe souvent une image riante à une sensation pénible.

L'air pur et vif, le beau soleil, les figures insouciantes des passants, contribuaient aussi à la tirer de ses réflexions haineuses. Elle se rappela les scènes de son enfance et les jours où elle allait se promener à la campagne avec des jeunes personnes de son âge. Elle revoyait ses compagnes de couvent ; elle assistait à leurs jeux, à leurs repas. Elle s'expliquait des confidences mystérieuses qu'elle avait surprises aux *grandes*, et ne pouvait s'empêcher de sourire en songeant à cent petits traits qui trahissent de si bonne heure l'instinct de la coquetterie chez les femmes.

Puis elle se représentait son entrée dans le

monde. Elle dansait de nouveau aux bals les plus brillants qu'elle avait vus dans l'année qui suivit sa sortie du couvent. Les autres bals, elle les avait oubliés; on se blase si vite; mais ces bals lui rappelèrent son mari. « Folle que j'étais! se dit-elle. Comment ne me suis-je pas aperçue, à la première vue, que je serais malheureuse avec lui? » Tous les disparates, toutes les platitudes de fiancé que le pauvre Chaverny lui débitait avec tant d'aplomb un mois avant son mariage, tout cela se trouvait noté, enregistré soigneusement dans sa mémoire. En même temps, elle ne pouvait s'empêcher de penser aux nombreux admirateurs que son mariage avait réduits au désespoir, et qui ne s'en étaient pas moins mariés eux-mêmes ou consolés autrement peu de mois après. « Aurais-je été heureuse avec un autre que lui? se demanda-t-elle. A... est décidément un sot; mais il n'est pas offensif, et Amélie le gouverne à son gré. Il y a toujours moyen de vivre avec un mari qui obéit. — B... a des maîtresses, et sa femme a la bonté de s'en affliger. D'ailleurs, il est rempli d'égards pour elle, et... je n'en demanderais pas davantage. — Le jeune comte de C..., qui toujours lit des pamphlets, et qui se donne tant de peine pour devenir un jour un bon député, peut-être fera-t-il un bon mari? Oui,

mais tous ces gens-là sont ennuyeux, laids, sots... »
Comme elle passait ainsi en revue tous les jeunes
gens qu'elle avait connus étant demoiselle, le nom
de Darcy se présenta à son esprit pour la seconde
fois.

Darcy était autrefois dans la société de madame
de Lussan un être sans conséquence, c'est-à-dire
que l'on savait... les mères savaient — que sa fortune ne lui permettait pas de songer à leurs filles.
Pour elles, il n'avait rien en lui qui pût faire
tourner leurs jeunes têtes. D'ailleurs il avait la
réputation d'un galant homme. Un peu misanthrope et caustique, il se plaisait beaucoup, seul
homme au milieu d'un cercle de demoiselles, à se
moquer des ridicules et des prétentions des autres
jeunes gens. Lorsqu'il parlait bas à une demoiselle,
les mères ne s'alarmaient pas, car leurs filles riaient
tout haut, et les mères de celles qui avaient de belles
dents disaient même que M. Darcy était fort aimable.

Une conformité de goûts et une crainte réciproque de leur talent de médire avaient rapproché
Julie et Darcy. Après quelques escarmouches, ils
avaient fait un traité de paix, une alliance offensive et défensive; ils se ménageaient mutuellement, et ils étaient toujours unis pour faire les
honneurs de leurs connaissances.

Un soir, on avait prié Julie de chanter je ne sais quel morceau. Elle avait une belle voix, et elle le savait. En s'approchant du piano, elle regarda les femmes d'un air un peu fier avant de chanter, et comme si elle voulait les défier. Or, ce soir-là, quelque indisposition ou une fatalité malheureuse la privait de presque tous ses moyens. La première note qui sortit de ce gosier ordinairement si mélodieux se trouva décidément fausse. Julie se troubla, chanta tout de travers, manqua tous les traits; bref, le fiasco fut éclatant. Tout effarée, près de fondre en larmes, la pauvre Julie quitta le piano; et, en retournant à sa place, elle ne put s'empêcher de regarder la joie maligne que cachaient mal ses compagnes en voyant humilier son orgueil. Les hommes mêmes semblaient comprimer avec peine un sourire moqueur. Elle baissa les yeux de honte et de colère, et fut quelque temps sans oser les lever. Lorsqu'elle releva la tête, la première figure amie qu'elle aperçut fut celle de Darcy. Il était pâle, et ses yeux roulaient des larmes; il paraissait plus touché de sa mésaventure qu'elle ne l'était elle-même. « Il m'aime! pensa-t-elle; il m'aime véritablement. » La nuit, elle ne dormit guère, et la figure triste de Darcy était toujours devant ses yeux. Pendant deux jours, elle ne songea qu'à lui et à la passion secrète qu'il devait nourrir pour elle. Le roman avançait déjà, lorsque madame de Lussan trouva chez elle une carte de M. Darcy avec ces trois lettres : P. P. C.

— Où va donc M. Darcy? demanda Julie à un jeune homme qui le connaissait.

— Où il va? Ne le savez-vous pas? A Constantinople. Il part cette nuit en courrier.

— Il ne m'aime donc pas! pensa-t-elle. Huit jours après, Darcy était oublié. De son côté, Darcy, qui était alors assez romanesque, fut huit mois sans oublier Julie. Pour excuser celle-ci et expliquer la prodigieuse différence de constance, il faut réfléchir que Darcy vivait au milieu des barbares, tandis que Julie était à Paris entourée d'hommages et de plaisirs.

Quoi qu'il en soit, six ou sept ans après leur séparation, Julie, dans sa voiture, sur la route de P..., se rappelait l'expression mélancolique de Darcy le jour où elle chanta si mal; et, s'il faut l'avouer, elle pensa à l'amour probable qu'il avait alors pour elle, peut-être bien même aux sentiments qu'il pouvait conserver encore. Tout cela l'occupa assez vivement pendant une demi-lieue. Ensuite M. Darcy fut oublié pour la troisième fois.

VIII

Julie ne fut pas peu contrariée lorsque, en entrant à P..., elle vit dans la cour de madame Lambert une voiture dont on dételait les chevaux, ce qui annonçait une visite qui devait se prolonger. Impossible, par conséquent, d'entamer la discussion de ses griefs contre M. de Chaverny.

Madame Lambert, lorsque Julie entra dans le salon, était avec une femme que Julie avait rencontrée dans le monde, mais qu'elle connaissait à peine de nom. Elle dut faire un effort sur elle-même pour cacher l'expression du mécontentement qu'elle éprouvait d'avoir fait inutilement le voyage de P...

— Eh! bonjour donc, chère belle! s'écria madame Lambert en l'embrassant; que je suis contente de voir que vous ne m'avez pas oubliée! Vous ne pouviez venir plus à propos, car j'attends aujourd'hui je ne sais combien de gens qui vous aiment à la folie.

Julie répondit d'un air un peu contraint qu'elle avait cru trouver madame Lambert toute seule.

— Ils vont être ravis de vous voir, reprit madame Lambert. Ma maison est si triste, depuis le mariage de ma fille, que je suis trop heureuse quand mes amis veulent bien s'y donner rendez-vous. Mais, chère enfant, qu'avez-vous fait de vos belles couleurs? Je vous trouve toute pâle aujourd'hui.

Julie inventa un petit mensonge : la longueur de la route... la poussière... le soleil...

— J'ai précisément aujourd'hui à dîner un de vos adorateurs, à qui je vais faire une agréable surprise, M. de Châteaufort, et probablement son fidèle Achate, le commandant Perrin.

— J'ai eu le plaisir de recevoir dernièrement le commandant Perrin, dit Julie en rougissant un peu, car elle pensait à Châteaufort.

— J'ai aussi M. de Saint-Léger. Il faut absolument qu'il organise ici une soirée de proverbes pour le mois prochain, et vous y jouerez un rôle, mon ange : vous étiez notre premier sujet pour les proverbes, il y a deux ans.

— Mon Dieu, Madame, il y a si longtemps que je n'ai joué de proverbes, que je ne pourrais plus retrouver mon assurance d'autrefois. Je serais obligée d'avoir recours au « *J'entends quelqu'un* ».

— Ah! Julie, mon enfant, devinez qui nous attendons encore. Mais celui-là, ma chère, il faut de la mémoire pour se rappeler son nom...

Le nom de Darcy se présenta sur-le-champ à Julie.

— Il m'obsède, en vérité, pensa-t-elle. — De la mémoire, Madame?... j'en ai beaucoup.

— Mais je dis une mémoire de six ou sept ans... Vous souvenez-vous d'un de vos attentifs lorsque vous étiez petite fille et que vous portiez les cheveux en bandeau.

— En vérité, je ne devine pas.

— Quelle horreur! ma chère... Oublier ainsi un homme charmant, qui, ou je me trompe fort, vous plaisait tellement autrefois, que votre mère s'en alarmait presque. Allons, ma belle, puisque vous oubliez ainsi vos adorateurs, il faut bien vous rappeler leurs noms : c'est M. Darcy que vous allez voir.

— M. Darcy?

— Oui; il est enfin revenu de Constantinople depuis quelques jours seulement. Il est venu me voir avant-hier, et je l'ai invité. Savez-vous, ingrate que vous êtes, qu'il m'a demandé de vos nouvelles avec un empressement tout à fait significatif?

— M. Darcy?... dit Julie en hésitant et avec une distraction affectée, M. Darcy?... N'est-ce pas un grand jeune homme blond... qui est secrétaire d'ambassade?

— Oh! ma chère, vous ne le reconnaîtrez pas: il est bien changé; il est pâle, ou plutôt couleur olive, les yeux enfoncés; il a perdu beaucoup de cheveux à cause de la chaleur, à ce qu'il dit. Dans deux ou trois ans, si cela continue, il sera chauve par devant. Pourtant il n'a pas trente ans encore.

Ici la dame qui écoutait ce récit de la mésaventure de Darcy conseilla fortement l'usage du kalydor, dont elle s'était bien trouvée après une maladie qui lui avait fait perdre beaucoup de cheveux. Elle passait ses doigts, en parlant, dans des boucles nombreuses d'un beau châtain cendré.

— Est-ce que M. Darcy est resté tout ce temps à Constantinople? demanda madame de Chaverny.

— Pas tout à fait, car il a beaucoup voyagé: il a été en Russie, puis il a parcouru toute la Grèce. Vous ne savez pas son bonheur? Son oncle est mort, et lui a laissé une belle fortune. Il a été aussi en Asie mineure, dans la... comment dit-il?... la Caramanie. Il est ravissant, ma chère; il a des histoires charmantes qui vous enchanteront. Hier il m'en a conté de si jolies, que je lui disais toujours : « Mais gardez-les donc pour demain; vous les direz à ces dames, au lieu de les perdre avec une vieille maman comme moi. »

— Vous a-t-il conté son histoire de la femme turque qu'il a sauvée? demanda madame Dumanoir, la patronnesse du kalydor.

— La femme turque qu'il a sauvée? Il a sauvé une femme turque? Il ne m'en a pas dit un mot.

— Comment! mais c'est une action admirable, un véritable roman.

— Oh! contez-nous cela, je vous en prie.

— Non, non; demandez-le à lui-même. Moi, je ne sais l'histoire que de ma sœur, dont le mari, comme vous savez, a été consul à Smyrne. Mais elle la tenait d'un Anglais qui avait été témoin de toute l'aventure. C'est merveilleux.

— Contez-nous cette histoire, Madame. Comment voulez-vous que nous puissions attendre jusqu'au dîner? Il n'y a rien de si désespérant que d'entendre parler d'une histoire qu'on ne sait pas.

— Eh bien, je vais vous la gâter; mais enfin la

voici telle qu'on me l'a contée : — M. Darcy était en Turquie à examiner je ne sais quelles ruines sur le bord de la mer, quand il vit venir à lui une procession fort lugubre. C'étaient des muets qui portaient un sac, et ce sac, on le voyait remuer comme s'il y avait eu dedans quelque chose de vivant...

— Ah! mon Dieu! s'écria madame Lambert, qui avait lu *le Giaour*, c'était une femme qu'on allait jeter à la mer!

— Précisément, poursuivit madame Dumanoir, un peu piquée de se voir enlever ainsi le trait le plus dramatique de son conte. M. Darcy regarde le sac, il entend un gémissement sourd, et devine aussitôt l'horrible vérité. Il demande aux muets ce qu'ils vont faire : pour toute réponse, les muets tirent leurs poignards. M. Darcy était heureusement fort bien armé. Il met en fuite les esclaves et tire enfin de ce vilain sac une femme d'une beauté ravissante, à demi évanouie, et la ramène dans la ville, où il la conduit dans une maison sûre.

— Pauvre femme! dit Julie, qui commençait à s'intéresser à l'histoire.

— Vous la croyez sauvée? pas du tout. Le mari jaloux, car c'était un mari, ameuta toute la populace, qui se porta à la maison de M. Darcy avec des torches, voulant le brûler vif. Je ne sais pas trop bien la fin de l'affaire; tout ce que je sais, c'est qu'il a soutenu un siège et qu'il a fini par mettre la femme en sûreté. Il paraît même, ajouta madame Dumanoir, changeant tout à coup son expression et prenant un *ton de nez fort dévot,* il paraît que M. Darcy a pris soin qu'on la convertît, et qu'elle a été baptisée.

— Et M. Darcy l'a-t-il épousée? demanda Julie en souriant.

— Pour cela, je ne puis vous le dire. Mais la femme turque... elle avait un singulier nom; elle s'appelait Éminé... Elle avait une passion violente pour M. Darcy. Ma sœur me disait qu'elle l'appelait toujours *Sôtir... Sôtir...* cela veut dire *mon sauveur* en turc et en grec. Eulalie m'a dit que c'était une des plus belles personnes qu'on pût voir.

— Nous lui ferons la guerre sur sa Turque! s'écria madame Lambert; n'est-ce pas, Mesdames? il faut le tourmenter un peu... Au reste, ce trait de Darcy ne me surprend pas du tout : c'est un des hommes les plus généreux que je connaisse, et je sais des actions de lui qui me font venir les larmes aux yeux toutes les fois que je les raconte. — Son oncle est mort, laissant une fille naturelle qu'il n'avait jamais reconnue. Comme il n'a pas fait de testament, elle n'avait aucun droit à sa succession.

Darcy, qui était l'unique héritier, a voulu qu'elle y eût une part, et probablement cette part a été beaucoup plus forte que son oncle ne l'aurait faite lui-même.

— Était-elle jolie, cette fille naturelle? demanda madame de Chaverny d'un air assez méchant, car elle commençait à sentir le besoin de dire du mal de ce M. Darcy, qu'elle ne pouvait chasser de ses pensées.

— Ah! ma chère, comment pouvez-vous supposer?... Mais d'ailleurs M. Darcy était encore à Constantinople lorsque son oncle est mort, et vraisemblablement il n'a pas vu cette créature.

L'arrivée de Châteaufort, du commandant Perrin et de quelques autres personnes, mit fin à cette conversation. Châteaufort s'assit auprès de madame de Chaverny, et, profitant d'un moment où l'on parlait très haut :

— Vous paraissez triste, Madame, lui dit-il ; je serais bien malheureux si ce que je vous ai dit hier en était la cause.

Madame de Chaverny ne l'avait pas entendu, ou plutôt n'avait pas voulu l'entendre. Châteaufort éprouva donc la mortification de répéter sa phrase, et la mortification plus grande encore d'une réponse un peu sèche, après laquelle Julie se mêla aussitôt à la conversation générale ; et, changeant de place, elle s'éloigna de son malheureux admirateur.

Sans se décourager, Châteaufort faisait inutilement beaucoup d'esprit. Madame de Chaverny, à qui seulement il voulait plaire, l'écoutait avec distraction : elle pensait à l'arrivée prochaine de M. Darcy, tout en se demandant pourquoi elle s'occupait tant d'un homme qu'elle devait avoir oublié, et qui probablement l'avait aussi oubliée depuis longtemps.

Enfin, le bruit d'une voiture se fit entendre ; la porte du salon s'ouvrit.

— Eh! le voilà! s'écria madame Lambert. Julie n'osa pas tourner la tête, mais pâlit extrêmement. Elle éprouva une vive et subite sensation de froid, et elle eut besoin de rassembler toutes ses forces pour se remettre et empêcher Châteaufort de remarquer le changement de ses traits.

Darcy baisa la main de madame Lambert et lui parla debout quelque temps, puis il s'assit auprès d'elle. Alors il se fit un grand silence : madame Lambert paraissait attendre et ménager une reconnaissance. Châteaufort et les hommes, à l'exception du bon commandant Perrin, observaient Darcy avec une curiosité un peu jalouse. Arrivant de Constantinople, il avait de grands avantages sur eux, et c'était un motif suffisant pour qu'ils se donnassent cet air de raideur compassée que l'on prend d'ordinaire avec les étrangers. Darcy, qui n'avait fait attention à personne, rompit le silence le premier. Il parla du temps ou de la route, peu importe ; sa voix était douce et musicale. Madame de Chaverny se hasarda à le regarder : elle le vit de profil. Il lui parut maigri, et son expression avait changé... En somme, elle le trouva bien.

— Mon cher Darcy, dit madame Lambert, regardez bien autour de vous, et voyez si vous ne trouverez pas ici une de vos anciennes connaissances.

Darcy tourna la tête, et aperçut Julie, qui s'était cachée jusqu'alors sous son chapeau. Il se leva précipitamment avec une exclamation de surprise, s'avança vers elle en étendant la main ; puis, s'arrêtant tout à coup et comme se repentant de son excès de familiarité, il salua Julie très profondément, et lui exprima en termes *convenables* tout le plaisir qu'il avait à la revoir. Julie balbutia quelques mots de politesse, et rougit beaucoup en voyant que Darcy se tenait toujours debout devant elle et la regardait fixement.

Sa présence d'esprit lui revint bientôt, et elle le regarda à son tour avec ce regard à la fois distrait et observateur que les gens du monde prennent quand ils veulent. C'était un grand jeune homme pâle, et dont les traits exprimaient le calme, mais un calme qui semblait provenir moins d'un état habituel de l'âme que de l'empire qu'elle était parvenue à prendre sur l'expression de la physionomie. Des rides déjà marquées sillonnaient son front. Ses yeux étaient enfoncés, les coins de sa bouche abaissés, et ses tempes commençaient à se dégarnir de cheveux. Cependant il n'avait pas plus de trente ans. Darcy était très simplement habillé, mais avec cette élégance qui indique les habitudes de la bonne compagnie et l'indifférence sur un sujet qui occupe les méditations de tant de jeunes gens. Julie fit toutes ces observations avec plaisir. Elle remarqua encore qu'il avait au front une cicatrice assez longue qu'il cachait mal avec une mèche de cheveux, et qui paraissait avoir été faite par un coup de sabre.

Julie était assise à côté de madame Lambert. Il y avait une chaise entre elle et Châteaufort ; mais aussitôt que Darcy s'était levé, Châteaufort avait mis sa main sur le dossier de la chaise, l'avait placée sur un seul pied, et la tenait en équilibre. Il était évident qu'il prétendait la garder comme le chien du jardinier gardait le coffre d'avoine.

Madame Lambert eut pitié de Darcy qui se tenait toujours debout devant madame de Chaverny. Elle fit une place à côté d'elle sur le canapé où elle était assise, et l'offrit à Darcy, qui se trouva de la sorte auprès de Julie. Il s'empressa de profiter de cette position avantageuse, en commençant avec elle une conversation suivie.

Pourtant il eut à subir de madame Lambert et de quelques autres personnes un interrogatoire en règle sur ses voyages ; mais il s'en tira assez laconiquement, et il saisissait toutes les occasions de reprendre son espèce d'aparté avec madame de Chaverny.

— Prenez le bras de madame de Chaverny, dit madame Lambert à Darcy au moment où la cloche du château annonça le dîner.

Châteaufort se mordit les lèvres, mais il trouva moyen de se placer à table assez près de Julie pour bien l'observer.

IX

Après le dîner, la soirée étant belle et le temps chaud, on se réunit dans le jardin autour d'une table rustique pour prendre le café.

Châteaufort avait remarqué avec un dépit croissant les attentions de Darcy pour madame de Chaverny. A mesure qu'il observait l'intérêt qu'elle paraissait prendre à la conversation du nouveau venu, il devenait moins aimable lui-même, et la jalousie qu'il ressentait n'avait d'autre effet que de lui ôter ses moyens de plaire. Il se promenait sur la terrasse où l'on était assis, ne pouvant rester en place, suivant l'ordinaire des gens inquiets, regardant souvent de gros nuages noirs qui se formaient à l'horizon et annonçaient un orage, plus souvent encore son rival, qui causait à voix basse avec Julie. Tantôt il la voyait sourire, tantôt elle devenait sérieuse, tantôt elle baissait les yeux timidement; enfin il voyait que Darcy ne pouvait pas lui dire un mot qui ne produisît un effet marqué; et ce qui le chagrinait surtout, c'est que les expressions variées que prenaient les traits de Julie semblaient n'être que l'image et comme la réflexion de la physionomie mobile de Darcy. Enfin, ne pouvant plus tenir à cette espèce de supplice, il s'approcha d'elle, et, se penchant sur le dos de sa chaise au moment où Darcy donnait à quelqu'un des renseignements sur la barbe du sultan Mahmoud :

— Madame, dit-il d'un ton amer, M. Darcy paraît être un homme bien aimable!

— Oh! oui, répondit madame de Chaverny avec une expression d'enthousiasme qu'elle ne put réprimer.

— Il y paraît, continua Châteaufort, car il vous fait oublier vos anciens amis.

— Mes anciens amis! dit Julie d'un accent un peu sévère. Je ne sais ce que vous voulez dire. Et elle lui tourna le dos. Puis, prenant un coin du mouchoir que madame Lambert tenait à la main :

— Que la broderie de ce mouchoir est de bon goût! dit-elle. C'est un ouvrage merveilleux.

— Trouvez-vous, ma chère? C'est un cadeau de M. Darcy, qui m'a rapporté je ne sais combien de mouchoirs brodés de Constantinople. — A propos, Darcy, est-ce votre Turque qui vous les a brodés?

— Ma Turque! quelle Turque?

— Oui, cette belle sultane à qui vous avez sauvé la vie, qui vous appelait... oh! nous savons tout... qui vous appelait... son... sauveur enfin. Vous devez savoir comment cela se dit en turc.

Darcy se frappa le front en riant.

— Est-il possible, s'écria-t-il, que la renommée de ma mésaventure soit déjà parvenue à Paris!

— Mais il n'y a pas de mésaventure là-dedans; il n'y en a peut-être que pour le Mamamouchi qui a perdu sa favorite.

— Hélas! répondit Darcy, je vois bien que vous ne savez que la moitié de l'histoire, car c'est une aventure aussi triste pour moi que celle des moulins à vent le fut pour don Quichotte. Faut-il que, après avoir tant donné à rire aux Francs, je sois encore persiflé à Paris pour le seul fait de chevalier errant dont je me sois jamais rendu coupable!

— Comment! mais nous ne savons rien. Contez-nous cela! s'écrièrent toutes les dames à la fois.

— Je devrais, dit Darcy, vous laisser sur le récit que vous connaissez déjà, et me dispenser de la

4.

suite, dont les souvenirs n'ont rien de bien agréable pour moi ; mais un de mes amis... je vous demande la permission de vous le présenter, madame Lambert, — sir John Tyrrel... un de mes amis, acteur aussi dans cette scène tragi-comique, va bientôt venir à Paris. Il pourrait bien se donner le malin plaisir de me prêter dans son récit un rôle encore plus ridicule que celui que j'ai joué. Voici le fait : Cette malheureuse femme, une fois installée dans le consulat de France...

— Oh! mais commencez par le commencement! s'écria madame Lambert.

— Mais vous le savez déjà.

— Nous ne savons rien, et nous voulons que vous nous contiez toute l'histoire d'un bout à l'autre.

— Eh bien ! vous saurez, Mesdames, que j'étais à Larnaca en 18... Un jour, je sortis de la ville pour dessiner. Avec moi était un jeune Anglais très aimable, bon garçon, bon vivant, nommé sir John Tyrrel, un de ces hommes précieux en voyage, parce qu'ils pensent au dîner, qu'ils n'oublient pas les provisions et qu'ils sont toujours de bonne humeur. D'ailleurs il voyageait sans but et ne savait ni la géologie ni la botanique, sciences bien fâcheuses dans un compagnon de voyage.

» Je m'étais assis à l'ombre d'une masure, à

deux cents pas environ de la mer, qui, dans cet endroit, est dominée par des rochers à pic. J'étais fort occupé à dessiner ce qui restait d'un sarcophage antique, tandis que sir John, couché sur l'herbe, se moquait de ma passion malheureuse pour les beaux-arts en fumant de délicieux tabac de Latakié. A côté de nous, un drogman turc, que nous avions pris à notre service, nous faisait du café. C'était le meilleur faiseur de café et le plus poltron de tous les Turcs que j'aie connus.

» Tout d'un coup sir John s'écria avec joie :

» — Voici des gens qui descendent de la montagne avec de la neige ; nous allons leur en acheter et faire du sorbet avec des oranges.

» Je levai les yeux, et je vis venir à nous un âne sur lequel était chargé en travers un gros paquet ; deux esclaves le soutenaient de chaque côté. En avant, un ânier conduisait l'âne, et derrière, un Turc vénérable, à barbe blanche, fermait la marche, monté sur un assez bon cheval. Toute cette procession s'avançait lentement et avec beaucoup de gravité.

» Notre Turc, tout en soufflant son feu, jeta un coup d'œil de côté sur la charge de l'âne, et nous dit avec un singulier sourire : « Ce n'est pas de la » neige. » Puis il s'occupa de notre café avec son flegme habituel.

» — Qu'est-ce donc? demanda Tyrrel. Est-ce quelque chose à manger?

» — Pour *les poissons*, répondit le Turc.

» En ce moment l'homme à cheval partit au galop; et, se dirigeant vers la mer, il passa auprès de nous, non sans nous jeter un de ces regards méprisants que les musulmans adressent volontiers aux chrétiens. Il poussa son cheval jusqu'aux rochers à pic dont je vous ai parlé, et l'arrêta court à l'endroit le plus escarpé. Il regardait la mer, et paraissait chercher le meilleur endroit pour se précipiter.

» Nous examinâmes alors avec plus d'attention le paquet que portait l'âne, et nous fûmes frappés de la forme étrange du sac. Toutes les histoires de femmes noyées par des maris jaloux nous revinrent aussitôt à la mémoire. Nous nous communiquâmes nos réflexions.

» — Demande à ces coquins, dit sir John à notre Turc, si ce n'est pas une femme qu'ils portent ainsi?

» Le Turc ouvrit de grands yeux effarés, mais non la bouche. Il était évident qu'il trouvait notre question par trop inconvenante.

» En ce moment le sac étant près de nous, nous le vîmes distinctement remuer, et nous entendîmes même une espèce de gémissement ou de grognement qui en sortait.

» Tyrrel, quoique gastronome, est fort chevaleresque. Il se leva comme un furieux, courut à l'ânier et lui demanda en anglais, tant il était troublé par la colère, ce qu'il conduisait ainsi et ce qu'il prétendait faire de son sac. L'ânier n'avait garde de répondre : mais le sac s'agita violemment, des cris de femme se firent entendre : sur quoi les deux esclaves se mirent à donner sur le sac de grands coups de courroies dont ils se servaient pour faire marcher l'âne. Tyrrel était poussé à bout. D'un vigoureux et scientifique coup de poing il jeta l'ânier à terre et saisit un esclave à la gorge : sur quoi le sac, poussé violemment dans la lutte, tomba lourdement sur l'herbe.

» J'étais accouru. L'autre esclave se mettait en devoir de ramasser des pierres, l'ânier se relevait. Malgré mon aversion pour me mêler des affaires des autres, il m'était impossible de ne pas venir au secours de mon compagnon. M'étant saisi d'un piquet qui me servait à tenir mon parasol quand je dessinais, je le brandissais en menaçant les esclaves et l'ânier de l'air le plus martial qu'il m'était possible. Tout allait bien, quand ce diable de Turc à cheval, ayant fini de contempler la mer et s'étant retourné au bruit que nous faisions, partit comme une flèche et fut sur nous avant que nous y eussions pensé : il avait à la main une espèce de vilain coutelas...

— Un ataghan? dit Châteaufort qui aimait la couleur locale.

— Un ataghan, reprit Darcy avec un sourire d'approbation. Il passa auprès de moi, et me donna sur la tête un coup de cet ataghan qui me fit voir trente-six... *bougies*, comme disait si élégamment mon ami M. le marquis de Roseville. Je ripostai pourtant en lui assénant un bon coup de piquet sur les reins, et je fis ensuite le moulinet de mon mieux, frappant ânier, esclaves, cheval et Turc, devenu moi-même dix fois plus furieux que mon ami sir John Tyrrel. L'affaire aurait sans doute tourné mal pour nous. Notre drogman observait la neutralité, et nous ne pouvions nous défendre longtemps avec un bâton contre trois hommes d'infanterie, un de cavalerie et un ataghan. Heureusement sir John se souvint d'une paire de pistolets que nous avions apportée. Il s'en saisit, m'en jeta un, et prit l'autre qu'il dirigea aussitôt contre le cavalier qui nous donnait tant d'affaires. La vue de ces armes et le léger claquement du chien du pistolet produisirent un effet magique sur nos ennemis. Ils prirent honteusement la fuite, nous laissant maîtres du champ de bataille, du sac et même de l'âne. Malgré toute notre colère, nous n'avions pas fait feu, et ce fut un bonheur, car on ne tue pas impunément un bon musulman, et il en coûte cher pour le rosser.

» Lorsque je me fus un peu essuyé, notre premier soin fut, comme vous le pensez bien, d'aller au sac et de l'ouvrir. Nous y trouvâmes une assez jolie femme, un peu grasse, avec de beaux cheveux noirs, et n'ayant pour tout vêtement qu'une chemise de laine bleue un peu moins transparente que l'écharpe de madame de Chaverny.

» Elle se tira lestement du sac, et, sans paraître fort embarrassée, nous adressa un discours très pathétique sans doute, mais dont nous ne comprîmes pas un mot; à la suite de quoi elle me baisa la main. C'est la seule fois, Mesdames, qu'une dame m'ait fait cet honneur.

» Le sang-froid nous était revenu cependant. Nous voyions notre drogman s'arracher la barbe comme un homme désespéré. Moi, je m'accommodais la tête de mon mieux avec mon mouchoir. Tyrrel disait :

» — Que diable faire de cette femme ? Si nous restons ici, le mari va revenir en force et nous assommera; si nous retournons à Larnaca avec elle dans ce bel équipage, la canaille nous lapidera infailliblement.

» Tyrrel, embarrassé de toutes ces réflexions, et ayant recouvré son flegme britannique, s'écria :

» — Quelle diable d'idée avez-vous eue d'aller dessiner aujourd'hui !

» Son exclamation me fit rire, et la femme, qui n'y avait rien compris, se mit à rire aussi.

» Il fallut pourtant prendre un parti. Je pensai que ce que nous avions de mieux à faire, c'était de nous mettre tous sous la protection du consul de France ; mais le plus difficile était de rentrer à Larnaca. Le jour tombait, et ce fut une circonstance heureuse pour nous. Notre Turc nous fit prendre un grand détour, et nous arrivâmes, grâce à la nuit et à cette précaution, sans encombre à la maison du consul, qui est hors de la ville. J'ai oublié de vous dire que nous avions composé à la femme un costume presque décent avec le sac et le turban de notre interprète.

» Le consul nous reçut fort mal, nous dit que nous étions des fous, qu'il fallait respecter les us et coutumes des pays où l'on voyage, qu'il ne fallait pas mettre le doigt entre l'arbre et l'écorce... Enfin, il nous lança d'importance ; et il avait raison, car nous en avions fait assez pour occasionner une violente émeute, et faire massacrer tous les Francs de l'île de Chypre.

» Sa femme fut plus humaine ; elle avait lu beaucoup de romans, et trouva notre conduite très généreuse. Dans le fait, nous nous étions conduits en héros de roman. Cette excellente dame était fort dévote ; elle pensa qu'elle convertirait facilement l'infidèle que nous lui avions amenée, que cette conversion serait mentionnée au *Moniteur*, et que son mari serait nommé consul général. Tout ce plan se fit en un instant dans sa tête. Elle embrassa la femme turque, lui donna une robe, fit honte à monsieur le consul de sa cruauté, et l'envoya chez le pacha pour arranger l'affaire.

» Le pacha était fort en colère. Le mari jaloux était un personnage, et jetait feu et flamme. C'était une horreur, disait-il, que des chiens de chrétiens empêchassent un homme comme lui de jeter son esclave à la mer. Le consul était fort en peine ; il parla beaucoup du roi son maître, encore plus d'une frégate de soixante canons qui venait de paraître dans les eaux de Larnaca. Mais l'argument qui produisit le plus d'effet, ce fut la proposition qu'il fit en notre nom de payer l'esclave à juste prix.

» Hélas ! si vous saviez ce que c'est que le juste

prix d'un Turc! Il fallut payer le mari, payer le pacha, payer l'ânier à qui Tyrrel avait cassé deux dents, payer pour le scandale, payer pour tout. Combien de fois Tyrrel s'écria douloureusement:

» — Pourquoi diable aller dessiner sur le bord de la mer!

— Quelle aventure, mon pauvre Darcy! s'écria madame Lambert, c'est donc là que vous avez reçu cette terrible balafre? De grâce, relevez donc vos cheveux. Mais c'est un miracle qu'il ne vous ait pas fendu la tête!

Julie, pendant tout ce récit, n'avait pas détourné les yeux du front du narrateur; elle demanda enfin d'une voix timide:

— Que devint la femme?

— C'est là justement la partie de l'histoire que je n'aime pas trop à raconter. La suite est si triste pour moi qu'à l'heure où je vous parle, on se moque encore de notre équipée chevaleresque.

— Était-elle jolie, cette femme? demanda madame de Chaverny en rougissant un peu.

— Comment se nommait-elle? demanda madame Lambert.

— Elle se nommait Eminch.

— Jolie?...

— Oui, elle était assez jolie, mais trop grasse et

toute barbouillée de fard, suivant l'usage de son pays. Il faut beaucoup d'habitude pour apprécier les charmes d'une beauté turque. Eminch fut donc installée dans la maison du consul. Elle était Mingrélienne, et dit à madame C***, la femme du consul, qu'elle était fille de prince. Dans ce pays, tout coquin qui commande à dix autres coquins est un prince. On la traita donc en princesse : elle dînait à table, mangeait comme quatre; puis, quand on lui parlait religion, elle s'endormait régulièrement. Cela dura quelque temps. Enfin on prit jour pour le baptême. Madame C*** se nomma sa marraine, et voulut que je fusse parrain avec elle. Bonbons, cadeaux et tout ce qui s'ensuit !... Il était écrit que cette malheureuse Eminch me ruinerait. Madame C*** disait qu'Eminch m'aimait mieux que Tyrrel, parce qu'en me présentant du café elle en laissait toujours tomber sur mes habits. Je me préparais à ce baptême avec une componction vraiment évangélique, lorsque, la veille de la cérémonie, la belle Eminch disparut. Faut-il vous dire tout ? Le consul avait pour cuisinier un Mingrélien, grand coquin certainement, mais admirable pour le pilaf. Ce Mingrélien avait plu à Eminch, qui avait sans doute du patriotisme à sa manière. Il l'enleva, et en même temps une somme assez forte à M. C***, qui ne put jamais le retrouver. Ainsi le consul en fut pour son argent, sa femme pour le trousseau qu'elle avait donné à Emineh, moi pour mes gants, mes bonbons, outre les coups que j'avais reçus. Le pire, c'est qu'on me rendit en quelque sorte responsable de l'aventure. On prétendit que c'était moi qui avais délivré cette vilaine femme que je voudrais savoir au fond de la mer, et qui avais attiré tant de malheurs sur mes amis. Tyrrel sut se tirer d'affaire ; il passa pour victime, tandis que lui seul était cause de toute la bagarre, et moi je restai avec une réputation de don Quichotte et la balafre que vous voyez, qui nuit beaucoup à mes succès.

L'histoire contée, on rentra dans le salon. Darcy causa encore quelque temps avec madame de Chaverny, puis il fut obligé de la quitter pour se voir présenter un jeune homme fort savant en économie politique, qui étudiait pour être député, et qui désirait avoir des renseignements statistiques sur l'empire ottoman.

X

Julie, depuis que Darcy l'avait quittée, regardait souvent la pendule. Elle écoutait Châteaufort avec distraction, et ses yeux cherchaient involontairement Darcy, qui causait à l'autre extrémité du salon. Quelquefois il la regardait tout en parlant à son amateur de statistique, et elle ne pouvait supporter son regard pénétrant, quoique calme. Elle sentait qu'il avait déjà pris un empire extraordinaire sur elle et elle ne pensait plus à s'y soustraire.

Enfin elle demanda sa voiture, et soit à dessein, soit par préoccupation, elle la demanda en regardant Darcy d'un regard qui voulait dire : Vous avez perdu une demi-heure que nous aurions pu passer ensemble. La voiture était prête. Darcy causait toujours, mais il paraissait fatigué et ennuyé du questionneur qui ne le lâchait pas. Julie se leva lentement, serra la main de madame Lambert, puis elle se dirigea vers la porte du salon, surprise et presque piquée de voir Darcy demeurer toujours à la même place. Châteaufort était auprès d'elle; il lui offrit son bras qu'elle prit machinalement sans l'écouter, et presque sans s'apercevoir de sa présence.

Elle traversa le vestibule, accompagnée de madame Lambert et de quelques personnes qui la reconduisirent jusqu'à sa voiture. Darcy était resté dans le salon. Quand elle fut assise dans sa calèche, Châteaufort lui demanda en souriant si elle n'aurait pas peur toute seule la nuit par les chemins, ajoutant qu'il allait la suivre de près dans son tilbury, aussitôt que le commandent Perrin aurait fini sa partie de billard. Julie, qui était toute rêveuse, fut rappelée à elle-même par le son de sa voix, mais elle n'avait rien compris. Elle fit ce qu'aurait fait toute autre femme en pareille circonstance : elle sourit. Puis, d'un signe de tête, elle dit adieu aux personnes réunies sur le perron, et ses chevaux l'entraînèrent rapidement.

Mais précisément au moment où la voiture s'ébranlait, elle avait vu Darcy sortir du salon, pâle, l'air triste, et les yeux fixés sur elle, comme s'il lui demandait un adieu distinct. Elle partit, emportant le regret de n'avoir pu lui faire un signe de tête pour lui seul, et elle pensa même qu'il en serait piqué. Déjà elle avait oublié qu'il avait laissé à un autre le soin de la conduire à sa voiture; maintenant les torts étaient de son côté, et elle se les reprochait comme un grand crime. Les sentiments qu'elle avait éprouvés pour Darcy, quelques années auparavant, en le quittant après cette soirée où elle avait chanté faux, étaient bien moins vifs que ceux qu'elle emportait cette fois. C'est que non seulement les années avaient donné de la force à ses impressions, mais encore elles s'augmentaient de toute la colère accumulée contre son mari. Peut-être même l'espèce d'entraînement qu'elle avait ressenti pour Châteaufort, qui, d'ailleurs, dans ce moment, était complètement oublié, l'avait-il préparée à se laisser aller, sans trop de remords, au sentiment bien plus vif qu'elle éprouvait pour Darcy.

Quant à lui, ses pensées étaient d'une nature plus calme. Il avait rencontré avec plaisir une jolie femme qui lui rappelait des souvenirs heureux, et dont la connaissance lui serait probablement agréable pour l'hiver qu'il allait passer à Paris. Mais, une fois qu'elle n'était plus devant ses yeux, il ne lui restait tout au plus que le souvenir de quelques heures écoulées gaiement, souvenir dont la douceur était encore altérée par la perspective de se coucher tard et de faire quatre lieues pour retrouver son lit. Laissons-le, tout entier à ses idées prosaïques, s'envelopper soigneusement dans son manteau, s'établir commodément et en biais dans son coupé de louage, égarant ses pensées du salon de madame Lambert à Constantinople, de Constantinople à Corfou, et de Corfou à un demi-sommeil.

Cher lecteur, nous suivrons, s'il vous plaît, madame de Chaverny.

XI

Lorsque madame de Chaverny quitta le château de madame Lambert, la nuit était horriblement noire, l'atmosphère lourde et étouffante : de temps en temps, des éclairs, illuminant le paysage, dessinaient les silhouettes noires des arbres sur un fond d'un orangé livide. L'obscurité semblait redoubler après chaque éclair, et le cocher ne voyait pas la tête de ses chevaux. Un orage violent éclata bientôt. La pluie, qui tombait d'abord en gouttes larges et rares, se changea promptement en un véritable déluge. De tous côtés le ciel était en feu et l'artillerie céleste commençait à devenir assourdissante. Les chevaux, effrayés, soufflaient fortement et se cabraient au lieu d'avancer ; mais le cocher avait parfaitement dîné : son épais carrick, et surtout le vin qu'il avait bu, l'empêchaient de craindre l'eau et les mauvais chemins. Il fouettait énergiquement les pauvres bêtes, non moins intrépide que César dans la tempête lorsqu'il disait à son pilote : Tu portes César et sa fortune !

Madame de Chaverny n'ayant pas peur du tonnerre, ne s'occupait guère de l'orage. Elle se répétait tout ce que Darcy lui avait dit, et se repentait de ne lui avoir pas dit cent choses qu'elle aurait pu lui dire, lorsqu'elle fut tout à coup interrompue dans ses méditations par un choc violent que reçut sa voiture : en même temps les glaces volèrent en éclats, un craquement de mauvaise augure se fit entendre; la calèche était précipitée dans un fossé. Julie en fut quitte pour la peur. Mais la pluie ne cessait pas ; une roue était brisée ; les lanternes s'étaient éteintes, et l'on ne voyait pas aux environs une seule maison pour se mettre à l'abri. Le cocher jurait, le valet de pied maudissait le cocher, et pestait contre sa maladresse. Julie restait dans sa voiture, demandant comment on pourrait revenir à P... ou ce qu'il fallait faire ; mais à chaque question qu'elle faisait elle recevait cette réponse désespérante :

— C'est impossible !

Cependant on entendit de loin le bruit sourd d'une voiture qui s'approchait. Bientôt le cocher de madame de Chaverny reconnut, à sa grande satisfaction, un de ses collègues avec lequel il avait jeté les fondements d'une tendre amitié dans l'office de madame Lambert ; il lui cria de s'arrêter.

La voiture s'arrêta ; et, à peine le nom de madame de Chaverny fut-il prononcé, qu'un jeune homme qui se trouvait dans le coupé ouvrit lui-même la portière, et s'écriant : — Est-elle blessée ? s'élança d'un bond auprès de la calèche de Julie. Elle avait reconnu Darcy, elle l'attendait.

Leurs mains se rencontrèrent dans l'obscurité, et Darcy crut sentir que madame de Chaverny pressait la sienne ; mais c'était probablement un effet de la peur. Après les premières questions, Darcy offrit naturellement sa voiture. Julie ne répondit pas d'abord, car elle était fort indécise sur le parti qu'elle devait prendre. D'un côté, elle pensait aux trois ou quatre lieues qu'elle aurait à faire en tête-à-tête avec un jeune homme, si elle voulait aller à Paris ; d'un autre côté, si elle revenait au château pour y demander l'hospitalité à madame Lambert, elle frémissait à l'idée de raconter le romanesque accident de la voiture versée et du secours qu'elle aurait reçu de Darcy. Reparaître au salon au milieu de la partie de whist, sauvée par Darcy comme la femme turque... on ne pouvait y songer. Mais aussi trois longues lieues jusqu'à Paris !... Pendant qu'elle flottait ainsi dans l'incertitude, et qu'elle balbutiait assez maladroitement quelques phrases banales sur l'embarras qu'elle allait causer, Darcy, qui semblait lire au fond de son cœur, lui dit froidement :

— Prenez ma voiture, Madame, je resterai dans la vôtre jusqu'à ce qu'il passe quelqu'un pour Paris.

Julie, craignant de montrer trop de pruderie, se hâta d'accepter la première offre, mais non la seconde. Et comme sa résolution fut toute soudaine, elle n'eut pas le temps de résoudre l'importante question de savoir si l'on irait à P... ou à Paris. Elle était déjà dans le coupé de Darcy, enveloppée de son manteau, qu'il s'empressa de lui donner, et les chevaux trottaient lestement vers Paris, avant qu'elle eût pensé à dire où elle voulait aller. Son domestique avait choisi pour elle en donnant au cocher le nom et la rue de sa maîtresse.

La conversation commença embarrassée de part et d'autre. Le son de voix de Darcy était bref, et paraissait annoncer un peu d'humeur. Julie s'imagina que son irrésolution l'avait choqué, et qu'il la prenait pour une prude ridicule. Déjà elle était tellement sous l'influence de cet homme qu'elle s'adressait intérieurement de vifs reproches, et ne songeait plus qu'à dissiper ce mouvement d'humeur dont elle s'accusait. L'habit de Darcy était mouillé, elle s'en aperçut, et, se débarrassant aussitôt du manteau, elle exigea qu'il s'en couvrît. De là un combat de générosité, d'où il résulta que, le différend ayant été tranché par la moitié, chacun eut sa part du manteau. Imprudence énorme qu'elle n'aurait pas commise sans ce moment d'hésitation qu'elle voulait faire oublier!

Ils étaient si près l'un de l'autre, que la joue de Julie pouvait sentir la chaleur de l'haleine de Darcy. Les cahots de la voiture les rapprochaient même quelquefois davantage.

— Ce manteau qui nous enveloppe tous les deux, dit Darcy, me rappelle nos charades d'autrefois. Vous souvenez-vous d'avoir été ma Virginie, lorsque nous nous affublâmes tous deux du mantelet de votre grand'mère?

— Oui, et de la mercuriale qu'elle me fit à cette occasion.

— Ah! s'écria Darcy, quel heureux temps que celui-là! combien de fois j'ai pensé avec tristesse et bonheur à nos divines soirées de la rue Bellechasse! Vous rappelez-vous les belles ailes de vautour qu'on vous avait attachées aux épaules avec des rubans roses, et le bec de papier doré que je vous avais fabriqué avec tant d'art?

— Oui, répondit Julie, vous étiez Prométhée, et moi le vautour. Mais quelle mémoire vous avez! Comment avez-vous pu vous souvenir de toutes ces folies? car il y a si longtemps que nous ne nous sommes vus!

— Est-ce un compliment que vous me demandez? dit Darcy en souriant et s'avançant de manière à la regarder en face.

Puis, d'un ton plus sérieux :

— En vérité, poursuivit-il, il n'est pas extraordinaire que j'aie conservé le souvenir des plus heureux moments de ma vie.

— Quel talent vous aviez pour les charades!... dit Julie qui craignait que la conversation ne prît un tour trop sentimental.

— Voulez-vous que je vous donne une autre preuve de ma mémoire? interrompit Darcy. Vous rappelez-vous notre traité d'alliance chez madame Lambert? Nous nous étions promis de dire du mal de l'univers entier; en revanche, de nous soutenir l'un l'autre envers et contre tous... Mais notre traité a eu le sort de la plupart des traités; il est resté sans exécution.

— Qu'en savez vous?

— Hélas! j'imagine que vous n'avez pas eu souvent occasion de me défendre; car, une fois éloigné de Paris, quel oisif s'est occupé de moi?

— De vous défendre... non... mais de parler de vous à vos amis...

— Oh! mes amis! s'écria Darcy avec un sourire mêlé de tristesse, je n'en avais guère à cette époque, que vous connussiez, du moins. Les jeunes gens que voyait madame votre mère me haïssaient, je ne sais pourquoi; et, quant aux femmes, elles pensaient peu à monsieur l'attaché du ministère des affaires étrangères.

— C'est que vous ne vous occupiez pas d'elles.

— Cela est vrai. Jamais je n'ai su faire l'aimable auprès des personnes que je n'aimais pas.

Si l'obscurité avait permis de distinguer la figure de Julie, Darcy aurait pu voir qu'une vive rougeur s'était répandue sur ses traits en entendant cette dernière phrase, à laquelle elle avait donné un sens auquel peut-être Darcy ne songeait pas.

Quoi qu'il en soit, laissant là des souvenirs trop bien conservés par l'un et par l'autre, Julie voulut le remettre un peu sur ses voyages, espérant que, par ce moyen, elle serait dispensée de parler. Le procédé réussit presque toujours avec les voyageurs, surtout avec ceux qui ont visité quelque pays lointain.

— Quel beau voyage que le vôtre! dit-elle, et combien je regrette de ne pouvoir jamais en faire un semblable!

Mais Darcy n'était plus en humeur conteuse.

— Quel est ce jeune homme à moustaches, demanda-t-il brusquement, qui vous parlait tout à l'heure?

Cette fois, Julie rougit encore davantage.

— C'est un ami de mon mari, répondit-elle, un officier de son régiment... On dit, poursuivit-elle sans vouloir abandonner son thème oriental, que les personnes qui ont vu ce beau ciel bleu de l'Orient ne peuvent plus vivre ailleurs.

— Il m'a déplu horriblement, je ne sais pourquoi... Je parle de l'ami de votre mari, non du ciel bleu... Quant à ce ciel bleu, Madame, Dieu vous en préserve! On finit par le prendre tellement en guignon à force de le voir toujours le même, qu'on admirerait comme le plus beau de tous les spectacles un sale brouillard de Paris. Rien n'agace plus les nerfs, croyez-moi, que ce beau ciel bleu, qui était bleu hier et qui sera bleu demain. Si vous saviez avec quelle impatience, avec quel désappointement toujours renouvelé on attend, on espère un nuage!

— Et cependant vous êtes resté bien longtemps sous ce ciel bleu!

— Mais, Madame, il m'était assez difficile de faire autrement. Si j'avais pu ne suivre que mon inclination je serais revenu bien vite dans les environs de la rue de Bellechasse, après avoir satisfait le petit mouvement de curiosité que doivent nécessairement exciter les étrangetés de l'Orient?

— Je crois que bien des voyageurs en diraient autant s'ils étaient aussi francs que vous... Comment passe-t-on son temps à Constantinople et dans les autres villes de l'Orient?

— Là, comme partout, il y a plusieurs manières de tuer le temps. Les Anglais boivent, les Français jouent, les Allemands fument, et quelques gens d'esprit, pour varier leurs plaisirs, se font tirer des coups de fusil en grimpant sur les toits pour lorgner les femmes du pays.

— C'est probablement à cette dernière occupation que vous donniez la préférence.

— Point du tout. Moi, j'étudiais le turc et le grec, ce qui me couvrait de ridicule. Quand j'avais terminé les dépêches de l'ambassade, je dessinais, je galopais aux Eaux-Douces, et puis j'allais au bord de la mer voir s'il ne venait pas quelque figure humaine de France ou d'ailleurs.

— Ce devait être un grand plaisir pour vous de voir un Français à une si grande distance de la France?

— Oui; mais pour un homme intelligent combien nous venait-il de marchands de quincaillerie ou de cachemires; ou, ce qui est bien pis, de jeunes poëtes qui, du plus loin qu'ils voyaient quelqu'un de l'ambassade, lui criaient : «Menez-moi voir les ruines, menez-moi à Sainte-Sophie, conduisez-moi aux montagnes, à la mer d'azur; je veux voir les lieux où soupirait Héro! » Puis, quand ils ont attrapé un bon coup de soleil, ils s'enferment dans leur chambre, et ne veulent plus rien voir que les derniers numéros du *Constitutionnel*.

— Vous voyez tout en mal, suivant votre vieille habitude. Vous n'êtes pas corrigé, savez-vous? car vous êtes toujours aussi moqueur.

— Dites-moi, Madame, s'il n'est pas bien permis à un damné qui frit dans sa poêle de s'égayer un peu aux dépens de ses camarades de friture? D'honneur! vous ne savez pas combien la vie que nous menons là-bas est misérable. Nous autres secrétaires d'ambassade, nous ressemblons aux hirondelles qui ne se posent jamais. Pour nous, point de ces relations intimes qui font le bonheur de la vie... ce me semble. (Il prononça ces derniers mots avec un accent singulier et en se rapprochant de Julie.) Depuis six ans je n'ai trouvé personne avec qui je pusse échanger mes pensées.

— Vous n'aviez donc pas d'amis là-bas?

— Je viens de vous dire qu'il est impossible d'en avoir en pays étranger. J'en avais laissé deux en France. L'un est mort; l'autre est maintenant en Amérique, d'où il ne reviendra que dans quelques années, si la fièvre jaune ne le retient pas.

— Ainsi, vous êtes seul?...

— Seul.

— Et la société des femmes, quelle est-elle dans l'Orient? Est-ce qu'elle ne vous offre pas quelques ressources?

— Oh! pour cela, c'est le pire de tout. Quant aux femmes turques, il n'y faut pas songer. Des Grecques et des Arméniennes, ce qu'on peut dire de mieux à leur louange, c'est qu'elles sont fort jolies. Pour les femmes des consuls et des ambassadeurs, dispensez-moi de vous en parler. C'est une question diplomatique; et si j'en disais ce que j'en pense, je pourrais me faire tort aux affaires étrangères.

— Vous ne paraissez pas aimer beaucoup votre

carrière. Autrefois vous désiriez avec tant d'ardeur entrer dans la diplomatie!

— Je ne connaissais pas encore le métier. Maintenant je voudrais être inspecteur des boues de Paris!

— Ah! Dieu! comment pouvez-vous dire cela? Paris! le séjour le plus maussade de la terre!

— Ne blasphémez pas. Je voudrais entendre votre palinodie à Naples, après deux ans de séjour en Italie.

— Voir Naples, c'est ce que je désirerais le plus au monde, répondit-elle en soupirant... pourvu que mes amis fussent avec moi.

— Oh! à cette condition, je ferais le tour du monde. Voyager avec ses amis! mais c'est comme si l'on restait dans son salon tandis que le monde passerait devant vos fenêtres comme un panorama qui se déroule.

— Eh bien! si c'est trop demander, je voudrais voyager avec un... avec deux amis seulement.

— Pour moi, je ne suis pas si ambitieux; je n'en voudrais qu'un seul, ou qu'une seule, ajouta-t-il en souriant. Mais c'est un bonheur qui ne m'est jamais arrivé... et qui ne m'arrivera pas, reprit-il avec un soupir. Puis, d'un ton plus gai: — En vérité, j'ai toujours joué de malheur. Je n'ai jamais désiré bien vivement que deux choses, et je n'ai pu les obtenir.

— Qu'était-ce donc?

— Oh! rien de bien extravagant. Par exemple, j'ai désiré passionnément pouvoir valser avec quelqu'un... J'ai fait des études approfondies sur la valse. Je me suis exercé pendant des mois entiers, seul, avec une chaise, pour surmonter l'étourdissement qui ne manquait jamais d'arriver, et quand je suis parvenu à n'avoir plus de vertiges...

— Et avec qui désiriez-vous valser?

— Si je vous disais que c'était avec vous?... Et quand j'étais devenu, à force de peines, un valseur consommé, votre grand'mère, qui venait de prendre un confesseur janséniste, défendit la valse par un ordre du jour que j'ai encore sur le cœur.

— Et votre second souhait?... demanda Julie fort troublée.

— Mon second souhait, je vous l'abandonne. J'aurais voulu, c'était par trop ambitieux de ma part, j'aurais voulu être aimé... mais aimé... C'est avant la valse que je souhaitais ainsi, et je ne suis pas l'ordre chronologique... J'aurais voulu, dis-je, être aimé par une femme qui m'aurait préféré à un bal, — le plus dangereux de tous les rivaux ; — par une femme que j'aurais pu venir voir avec des bottes crottées au moment où elle se disposerait à monter en voiture pour aller au bal. Elle aurait été en grande toilette, et elle m'aurait dit : *Restons*. Mais c'était de la folie. On ne doit demander que des choses possibles.

— Que vous êtes méchant ! Toujours vos remarques ironiques ! Rien ne trouve grâce devant vous. Vous êtes impitoyable pour les femmes.

— Moi ! Dieu m'en préserve ! C'est de moi plutôt que je médis. Est-ce dire du mal des femmes que de soutenir qu'elles préfèrent une soirée agréable... à un tête-à-tête avec moi ?

— Un bal !... une toilette !... Ah ! mon Dieu !... Qui aime le bal maintenant ?...

Elle ne pensait guère à justifier tout son sexe mis en cause ; elle croyait entendre la pensée de Darcy, et la pauvre femme n'entendait que son propre cœur.

— A propos de toilette et de bal, quel dommage que nous ne soyons plus en carnaval ! J'ai rapporté un costume de femme grecque qui est charmant, et qui vous irait à ravir.

— Vous m'en ferez un dessin pour mon album.

— Très volontiers. Vous verrez quels progrès j'ai faits depuis le temps où je crayonnais des bonshommes sur la table à thé de madame votre mère.

— A propos, Madame, j'ai un compliment à vous faire ; on m'a dit ce matin au ministère que M. de Chaverny allait être nommé gentilhomme de la chambre. Cela m'a fait grand plaisir.

Julie tressaillit involontairement.

Darcy poursuivit sans s'apercevoir de ce mouvement :

— Permettez-moi de vous demander votre protection dès à présent... Mais, au fond, je ne suis pas trop content de votre nouvelle dignité. Je crains que vous ne soyez obligée d'aller habiter Saint-Cloud pendant l'été, et alors j'aurai moins souvent l'honneur de vous voir.

— Jamais je n'irai à Saint-Cloud, dit Julie d'une voix fort émue.

— Oh ! tant mieux, car Paris, voyez-vous, c'est le paradis, dont il ne faut jamais sortir que pour aller de temps en temps dîner à la campagne chez madame Lambert, à condition de revenir le soir. Que vous êtes heureuse, Madame, de vivre à Paris ! Moi qui n'y suis peut-être que pour peu de temps, vous n'avez pas d'idée combien je me trouve heureux dans le petit appartement que ma tante m'a donné. Et vous, vous demeurez, m'a-t-on dit, dans le faubourg Saint-Honoré. On m'a indiqué votre maison. Vous devez avoir un jardin délicieux, si la manie de bâtir n'a pas changé déjà vos allées en boutiques.

— Non, mon jardin est encore intact, Dieu merci.

— Quel jour recevez-vous, Madame?

— Je suis chez moi à peu près tous les soirs. Je serai charmée que vous vouliez bien me venir voir quelquefois.

— Vous voyez, Madame, que je fais comme si notre ancienne *alliance* subsistait encore. Je m'invite moi-même sans cérémonie et sans présentation officielle. Vous me pardonnerez, n'est-ce pas?... Je ne connais plus que vous à Paris et madame Lambert. Tout le monde m'a oublié, mais vos deux maisons sont les seules que j'aie regrettées dans mon exil. Votre salon surtout doit être charmant. Vous qui choisissiez si bien vos amis!... Vous rappelez-vous les projets que vous faisiez autrefois pour le temps où vous seriez maîtresse de maison? Un salon inaccessible aux ennuyeux; de la musique quelquefois, toujours de la conversation, et bien tard; point de gens à prétentions, un petit nombre de personnes se connaissant parfaitement et qui par conséquent ne cherchent point à mentir ni à faire de l'effet... Deux ou trois femmes spirituelles avec cela (et il est impossible que vos amies ne le soient pas...), et votre maison est la plus agréable de Paris. Oui, vous êtes la plus heureuse des femmes, et vous rendez heureux tous ceux qui vous approchent.

Pendant que Darcy parlait, Julie pensait que ce bonheur qu'il décrivait avec tant de vivacité, elle aurait pu l'obtenir si elle eût été mariée à un autre homme... à Darcy, par exemple. Au lieu de ce salon imaginaire, si élégant et si agréable, elle pensait aux ennuyeux que Chaverny lui avait attirés... au lieu de ces conversations si gaies, elle se rappelait les scènes conjugales comme celle qui l'avait conduite à P... Elle se voyait enfin malheureuse à jamais, attachée pour la vie à la destinée d'un homme qu'elle haïssait et qu'elle méprisait; tandis que celui qu'elle trouvait le plus aimable du monde, celui qu'elle aurait voulu charger du soin d'assurer son bonheur, devait demeurer toujours un étranger pour elle. Il était de son devoir de l'éviter, de s'en séparer... et il était si près d'elle, que les manches de sa robe étaient froissées par le revers de son habit!

Darcy continua quelque temps à peindre les plaisirs de la vie de Paris avec toute l'éloquence que lui donnait une longue privation. Julie cependant sentait ses larmes couler le long de ses joues. Elle tremblait que Darcy ne s'en aperçût, et la contrainte qu'elle s'imposait ajoutait encore à la force de son émotion. Elle étouffait; elle n'osait faire un mouvement. Enfin un sanglot lui échappa, et tout fut perdu. Elle tomba la tête dans ses mains, à moitié suffoquée par les larmes et la honte.

Darcy, qui ne pensait à rien moins, fut bien étonné. Pendant un instant la surprise le rendit muet; mais, les sanglots redoublant, il se crut obligé de parler et de demander la cause de ces larmes si soudaines.

— Qu'avez-vous, Madame? Au nom de Dieu, Madame... répondez-moi. Que vous arrive-t-il?...

Et comme la pauvre Julie, à toutes ces questions, serrait avec plus de force son mouchoir sur ses yeux, il lui prit la main, et, écartant doucement le mouchoir:

— Je vous en conjure, Madame, dit-il d'un ton de voix altéré qui pénétra Julie jusqu'au fond du cœur, je vous en conjure, qu'avez-vous? Vous aurais-je offensée involontairement?... Vous me désespérez par votre silence.

— Ah! s'écria Julie ne pouvant plus se contenir, je suis bien malheureuse! et elle sanglota plus fort.

— Malheureuse! Comment?... Pourquoi?... qui peut vous rendre malheureuse? répondez-moi.

En parlant ainsi, il lui serrait les mains, et sa tête

touchait presque celle de Julie, qui pleurait au lieu de répondre. Darcy ne savait que penser, mais il était touché de ses larmes. Il se trouvait rajeuni de six ans, et il commençait à entrevoir dans un avenir qui ne s'était pas encore présenté à son imagination, que du rôle de confident il pourrait bien passer à un autre plus élevé.

Comme elle s'obstinait à ne pas répondre, Darcy, craignant qu'elle ne se trouvât mal, baissa une des glaces de la voiture, détacha les rubans du chapeau de Julie, écarta son manteau et son châle. Les hommes sont gauches à rendre ces soins. Il voulait faire arrêter la voiture auprès d'un village, et il appelait déjà le cocher, lorsque Julie, lui saisissant le bras, le supplia de ne pas faire arrêter, et l'assura qu'elle était beaucoup mieux. Le cocher n'avait rien entendu, et continuait à diriger ses chevaux vers Paris.

— Mais je vous en supplie, ma chère madame de Chaverny, dit Darcy en reprenant une main qu'il avait abandonnée un instant, je vous en conjure dites-moi, qu'avez-vous? Je crains... Je ne puis comprendre comment j'ai été assez malheureux pour vous faire de la peine.

— Ah! ce n'est pas vous! s'écria Julie; et elle lui serra un peu la main.

— Eh bien! dites-moi, qui peut vous faire ainsi pleurer? parlez-moi avec confiance. Ne sommes-nous pas d'anciens amis? ajouta-t-il en souriant et serrant à son tour la main de Julie.

— Vous me parliez du bonheur dont vous me croyez entourée... et ce bonheur est si loin de moi!

— Comment! N'avez-vous pas tous les éléments du bonheur?... Vous êtes jeune, riche, jolie... Votre mari tient un rang distingué dans la société...

— Je le déteste! s'écria Julie hors d'elle-même; je le méprise! Et elle cacha sa tête dans son mouchoir en sanglotant plus fort que jamais.

— Oh! oh! pensa Darcy, ceci devient fort grave.

Et, profitant avec adresse de tous les cahots de la voiture pour se rapprocher davantage de la malheureuse Julie :

— Pourquoi, lui disait-il de la voix la plus douce et la plus tendre du monde, pourquoi vous affliger ainsi? Faut-il qu'un être que vous méprisez ait autant d'influence sur votre vie? Pourquoi lui permettez-vous d'empoisonner lui seul votre bonheur? Mais est-ce donc à lui que vous devez demander ce bonheur?...

Et il lui baisa le bout des doigts; mais comme elle retira aussitôt sa main avec terreur, il craignit d'avoir été trop loin... Mais, déterminé à voir la fin de l'aventure, il dit en soupirant d'une façon assez hypocrite :

— Que j'ai été trompé ! Lorsque j'ai appris votre mariage, j'ai cru que M. de Chaverny vous plaisait réellement.

— Ah ! monsieur Darcy, vous ne m'avez jamais connue !

Le ton de sa voix disait clairement : Je vous ai toujours aimé, et vous n'avez pas voulu vous en apercevoir. La pauvre femme croyait en ce moment, de la meilleure foi du monde, qu'elle avait toujours aimé Darcy, pendant les six années qui venaient de s'écouler, avec autant d'amour qu'elle en sentait pour lui dans ce moment.

— Et vous ! s'écria Darcy en s'animant, vous, Madame, m'avez-vous jamais connu ? Avez-vous jamais su quels étaient mes sentiments ? Ah ! si vous m'aviez mieux connu, nous serions sans doute heureux maintenant l'un et l'autre.

— Que je suis malheureuse ! répéta Julie avec un redoublement de larmes, et en lui serrant la main avec force.

— Mais quand même vous m'auriez compris, Madame, continua Darcy avec cette expression de mélancolie ironique qui lui était habituelle, qu'en

6.

serait-il résulté? J'étais sans fortune; la vôtre était considérable; votre mère m'eût repoussé avec mépris. — J'étais condamné d'avance. — Vous-même, oui, vous, Julie, avant qu'une fatale expérience ne vous eût montré où est le véritable bonheur, vous auriez sans doute ri de ma présomption, et une voiture bien vernie, avec une couronne de comte sur les panneaux, aurait été sans doute alors le plus sûr moyen de vous plaire.

— O ciel! et vous aussi! Personne n'aura donc pitié de moi?

— Pardonnez-moi, chère Julie! s'écria-t-il très ému lui-même; pardonnez-moi, je vous en supplie. Oubliez ces reproches; non, je n'ai pas le droit de vous en faire, moi. — Je suis plus coupable que vous... Je n'ai pas su vous apprécier. Je vous ai cru faible comme les femmes du monde où vous viviez; j'ai douté de votre courage, chère Julie, et j'en suis cruellement puni!...

Il baisait avec feu ses mains, qu'elle ne retirait plus; il allait la presser sur son sein... mais Julie le repoussa avec une vive expression de terreur et s'éloigna de lui autant que la largeur de la voiture pouvait le lui permettre.

Sur quoi Darcy, d'une voix dont la douceur même rendait l'expression plus poignante :

— Excusez-moi, Madame, j'avais oublié Paris. Je me rappelle maintenant qu'on s'y marie, mais qu'on n'y aime point.

— Oh! oui, je vous aime, murmura-t-elle en sanglotant; et elle laissa tomber sa tête sur l'épaule de Darcy.

Darcy la serra dans ses bras avec transport, cherchant à arrêter ses larmes par des baisers. Elle essaya encore de se débarrasser de son étreinte, mais cet effort fut le dernier qu'elle tenta.

XII

Darcy s'était trompé sur la nature de son émotion : il faut bien le dire, il n'était pas amoureux. Il avait profité d'une bonne fortune qui semblait se jeter à sa tête, et qui méritait bien qu'on ne la laissât pas échapper. D'ailleurs, comme tous les hommes, il était beaucoup plus éloquent pour demander que pour remercier. Cependant il était poli, et la politesse tient lieu souvent de sentiments plus respectables. Le premier mouvement d'ivresse passé, il débitait donc à Julie des phrases tendres qu'il composait sans trop de peine, et qu'il accompagnait de nombreux baisements de main qui lui épargnaient autant de paroles. Il voyait sans regret que la voiture était déjà aux barrières, et que dans peu de minutes il allait se séparer de sa conquête. Le silence de madame de Chaverny au milieu de ses protestations, l'accablement dans lequel elle paraissait plongée, rendaient difficile, ennuyeuse même, si j'ose le dire, la position de son nouvel amant.

Elle était immobile, dans un coin de la voiture, serrant machinalement son châle contre son sein. Elle ne pleurait plus; ses yeux étaient fixes, et lorsque Darcy lui prenait la main pour la baiser, cette main, dès qu'elle était abandonnée, retombait sur ses genoux comme morte. Elle ne parlait pas, entendait à peine; mais une foule de pensées déchirantes se présentaient à la fois à son esprit, et, si elle voulait en exprimer une, une autre à l'instant venait lui fermer la bouche.

Comment rendre le chaos de ces pensées, ou plutôt de ces images qui se succédaient avec autant de rapidité que les battements de son cœur? Elle croyait entendre à ses oreilles des mots sans liaison et sans suite, mais tous avec un sens terrible. Le matin elle avait accusé son mari, il était vil à ses yeux; maintenant elle était cent fois plus méprisable. Il lui semblait que sa honte était publique. — La maîtresse du duc de H*** la repousserait à son tour. — Madame Lambert, tous ses amis ne vou-

draient plus la voir. — Et Darcy? — L'aimait-il?
— Il la connaissait à peine. — Il l'avait oubliée. —
Il ne l'avait pas reconnue tout de suite. — Peut-être l'avait-il trouvée bien changée. — Il était froid
pour elle : c'était là le coup de grâce. Son entraînement pour un homme qui la connaissait à peine,
qui ne lui avait pas montré de l'amour... mais de la
politesse seulement. — Il était impossible qu'il
l'aimât. — Elle-même l'aimait-elle? — Non, puisqu'elle s'était mariée lorsqu'à peine il venait de
partir.

Quand la voiture entra dans Paris, les horloges
sonnaient une heure. C'était à quatre heures
qu'elle avait vu Darcy pour la première fois. —
Oui, *vu*, — elle ne pouvait dire *revu*... Elle
avait oublié ses traits, sa voix; c'était un étranger
pour elle..... Neuf heures après, elle était devenue
sa maîtresse!...Neuf heures avaient suffi pour cette
singulière fascination... avaient suffi pour qu'elle
fût déshonorée à ses propres yeux, aux yeux de
Darcy lui-même; car que pouvait-il penser d'une
femme aussi faible? Comment ne pas la mépriser?

Parfois la douceur de la voix de Darcy, les
paroles tendres qu'il lui adressait, la ranimaient
un peu. Alors elle s'efforçait de croire qu'il sentait
réellement l'amour dont il parlait. Elle ne s'était

pas rendue si facilement. — Leur amour durait depuis longtemps lorsque Darcy l'avait quittée. — Darcy devait savoir qu'elle ne s'était mariée que par suite du dépit que son départ lui avait fait éprouver. — Les torts étaient du côté de Darcy. — Pourtant, il l'avait toujours aimée pendant sa longue absence. — Et, à son retour, il avait été heureux de la retrouver aussi constante que lui. — La franchise de son aveu, — sa faiblesse même, devaient plaire à Darcy, qui détestait la dissimulation. — Mais l'absurdité de ces raisonnements lui apparaissait bientôt. — Les idées consolantes s'évanouissaient, et elle restait en proie à la honte et au désespoir.

Un moment elle voulut exprimer ce qu'elle sentait. Elle venait de se représenter qu'elle était proscrite par le monde, abandonnée par sa famille. Après avoir si grièvement offensé son mari, sa fierté ne lui permettait pas de le revoir jamais. « Je suis aimée de Darcy, se dit-elle ; je ne puis aimer que lui. Sans lui je ne puis être heureuse. — Je serai heureuse partout avec lui. Allons ensemble dans quelque lieu où jamais je ne puisse voir une figure qui me fasse rougir. Qu'il m'emmène avec lui à Constantinople... »

Darcy était à cent lieues de deviner ce qui se

passait dans le cœur de Julie. Il venait de remarquer qu'ils entraient dans la rue habitée par madame de Chaverny, et remettait ses gants glacés avec beaucoup de sang-froid.

— A propos, dit-il, il faut que je sois présenté officiellement à M. de Chaverny... Je suppose que nous serons bientôt bons amis. Présenté par madame Lambert, je serai sur un bon pied dans votre maison. En attendant, puisqu'il est à la campagne, je puis vous voir?

La parole expira sur les lèvres de Julie. Chaque mot de Darcy était un coup de poignard. Comment parler de fuite, d'enlèvement, à cet homme si calme, si froid, qui ne pensait qu'à arranger sa liaison pour l'été, de la manière la plus commode? Elle brisa avec rage la chaîne d'or qu'elle portait à son cou, et tordit les chaînons entre ses doigts. La voiture s'arrêta à la porte de la maison qu'elle occupait. Darcy fut fort empressé à lui arranger son châle sur les épaules, à rajuster son chapeau convenablement. Lorsque la portière s'ouvrit, il lui présenta la main de l'air le plus respectueux, mais Julie s'élança à terre sans vouloir s'appuyer sur lui.

— Je vous demanderai la permission, Madame, dit-il en s'inclinant profondément, de venir savoir de vos nouvelles.

— Adieu! dit Julie d'une voix étouffée.

Darcy remonta dans son coupé, et se fit ramener chez lui en sifflant de l'air d'un homme très satisfait de sa journée.

XIII

Aussitôt qu'il se retrouva dans son appartement de garçon, Darcy passa une robe de chambre turque, mit des pantoufles, et, ayant chargé de tabac de Latakié une longue pipe dont le tuyau était de merisier de Bosnie et le bouquin d'ambre blanc, il se mit en devoir de la savourer en se renversant dans une grande bergère garnie de maroquin et dûment rembourrée. Aux personnes qui s'étonneraient de le voir dans cette vulgaire occupation au moment où peut-être il aurait dû rêver plus poétiquement, je répondrai qu'une bonne pipe est utile, sinon nécessaire, à la rêverie, et que le véritable moyen de bien jouir d'un bonheur, c'est de l'associer à un autre bonheur. Un de mes amis, homme fort sensuel, n'ouvrait jamais une lettre de sa maîtresse avant d'avoir ôté sa cravate, attisé le feu si l'on était en hiver, et s'être couché sur un canapé commode.

— En vérité, se dit D'arcy, j'aurais été un grand sot si j'avais suivi le conseil de Tyrrel, et si j'avais acheté une esclave grecque pour l'amener à Paris. Parbleu! c'eût été, comme disait mon ami Haleb-Effendi, c'eût été porter des figues à Damas. Dieu merci! la civilisation a marché grand train pendant mon absence, et il ne paraît pas que la rigidité soit portée à l'excès... Ce pauvre Chaverny!... Ah! ah! Si pourtant j'avais été assez riche il y a quelques années, j'aurais épousé Julie, et ce serait peut-être Chaverny qui l'aurait reconduite ce soir. Si je me marie jamais, je ferai visiter souvent la voiture de ma femme, pour qu'elle n'ait pas besoin de chevaliers errants qui la tirent des fossés... Voyons, recordons-nous. A tout prendre, c'est une très jolie femme, elle a de l'esprit, et, si je n'étais pas aussi vieux que je le suis, il ne tiendrait qu'à moi de croire que c'est à mon prodigieux mérite!... Ah! mon prodigieux mérite!... Hélas! hélas! dans un mois peut-être, mon mérite sera au niveau de celui de ce monsieur à moustaches... Morbleu!

j'aurais bien voulu que cette petite Nastasia, que j'ai tant aimée, sût lire et écrire, et pût parler des choses avec les honnêtes gens, car je crois que c'est la seule femme qui m'ait aimé... Pauvre enfant!...
Sa pipe s'éteignit et il s'endormit bientôt.

XIV

En rentrant dans son appartement, madame de Chaverny rassembla toutes ses forces pour dire d'un air naturel à sa femme de chambre qu'elle n'avait pas besoin d'elle, et qu'elle la laissât seule. Aussitôt que cette fille fut sortie, elle se jeta sur son lit, et là elle se mit à pleurer plus amèrement, maintenant qu'elle se trouvait seule, que lorsque la présence de Darcy l'obligeait à se contraindre.

La nuit a certainement une influence très grande sur les peines morales comme sur les douleurs physiques. Elle donne à tout une teinte lugubre, et les images qui, le jour, seraient indifférentes ou même riantes, nous inquiètent et nous tourmentent la nuit, comme des spectres qui n'ont de puissance que pendant les ténèbres. Il semble que, pendant la nuit, la pensée redouble d'activité, et que la raison perd son empire. Une espèce de fantasmagorie intérieure nous trouble et nous effraye sans que nous ayons la force d'écarter la cause de nos terreurs ou d'en examiner froidement la réalité.

Qu'on se représente la pauvre Julie étendue sur son lit, à demi habillée, s'agitant sans cesse, tantôt dévorée d'une chaleur brûlante, tantôt glacée par un frisson pénétrant, tressaillant au moindre craquement de la boiserie, et entendant distinctement les battements de son cœur. Elle ne conservait de sa position qu'une angoisse vague dont elle cherchait en vain la cause. Puis, tout d'un coup, le souvenir de cette fatale soirée passait dans son esprit aussi rapide qu'un éclair, et avec lui se réveillait une douleur vive et aiguë comme celle que produirait un fer rouge dans une blessure cicatrisée.

Tantôt elle regardait sa lampe, observant avec une attention stupide toutes les vacillations de la flamme, jusqu'à ce que les larmes qui s'amassaient dans ses yeux, elle ne savait pourquoi, l'empêchassent de voir la lumière.

—Pourquoi ces larmes ? se disait-elle. Ah! je suis déshonorée !

Tantôt elle comptait les glands des rideaux de son lit, mais elle n'en pouvait jamais retenir le nombre.

— Quelle est donc cette folie ? pensait-elle. Folie ? Oui, car il y a une heure je me suis donnée comme une misérable courtisane à un homme que je ne connais pas.

Puis elle suivait d'un œil hébété l'aiguille de sa pendule avec l'anxiété d'un condamné qui voit approcher l'heure de son supplice. Tout à coup la pendule sonnait :

— Il y a trois heures, disait-elle, tressaillant en sursaut, j'étais avec lui, et je suis déshonorée !

Elle passa toute la nuit dans cette agitation fébrile. Quand le jour parut, elle ouvrit sa fenêtre, et l'air frais et piquant du matin lui apporta quelque soulagement. Penchée sur la balustrade de sa fenêtre qui donnait sur le jardin, elle respirait l'air froid avec une espèce de volupté. Le désordre de ses idées se dissipa peu à peu. Aux vagues tourments, au délire qui l'agitaient, succéda un désespoir concentré qui était un repos en comparaison.

Il fallait prendre un parti. Elle s'occupa de chercher alors ce qu'elle avait à faire. Elle ne s'arrêta pas un moment à l'idée de revoir Darcy. Cela lui paraissait impossible; elle serait morte de honte en l'apercevant. Elle devait quitter Paris où, dans deux jours, tout le monde la montrerait au doigt. Sa mère était à Nice; elle irait la rejoindre, lui avouerait tout; puis, après s'être épanchée dans son sein, elle n'avait plus qu'une chose à faire, c'était de chercher quelque endroit désert en Italie, inconnu aux voyageurs, où elle irait vivre seule, et mourir bientôt.

Cette résolution une fois prise, elle se trouva plus tranquille. Elle s'assit devant une petite table en face de la fenêtre, et, la tête dans ses mains, elle pleura, mais cette fois sans amertume. La fatigue et l'abattement l'emportèrent enfin, et elle s'endormit, ou plutôt elle cessa de penser pendant une heure à peu près.

Elle se réveilla avec le frisson de la fièvre. Le temps avait changé, le ciel était gris, et une pluie fine et glacée annonçait du froid et de l'humidité pour tout le reste du jour. Julie sonna sa femme de chambre.

— Ma mère est malade, lui dit-elle, il faut que je parte sur-le-champ pour Nice. Faites une malle, je veux partir dans une heure.

— Mais, Madame, qu'avez-vous? N'êtes-vous pas

malade?... Madame ne s'est pas couchée ! s'écria la femme de chambre de chambre, surprise et alarmée du changement qu'elle observa sur les traits de sa maîtresse.

— Je veux partir, dit Julie d'un ton d'impatience, il faut absolument que je parte. Préparez-moi une malle.

Dans notre civilisation moderne, il ne suffit pas d'un simple acte de la volonté pour aller d'un lieu à un autre. Il faut faire des paquets, emporter des cartons, s'occuper de cent préparatifs ennuyeux qui suffiraient pour ôter l'envie de voyager. Mais l'impatience de Julie abrégea beaucoup toutes ces lenteurs nécessaires. Elle allait et venait de chambre en chambre, aidait elle-même à faire les malles, entassant sans ordre des bonnets et des robes accoutumés à être traités avec plus d'égards. Pourtant les mouvements qu'elle se donnait contribuaient plutôt à retarder ses domestiques qu'à les hâter.

— Madame a sans doute prévenu Monsieur? demanda timidement la femme de chambre.

Julie, sans lui répondre, prit du papier; elle écrivit. « Ma mère est malade à Nice. Je vais auprès d'elle. » Elle plia le papier en quatre, mais ne put se résoudre à y mettre une adresse.

7.

Au milieu des préparatifs de départ, un domestique entra :

— M. de Châteaufort, dit-il, demande si Madame est visible; il y a aussi un autre monsieur qui est venu en même temps, que je ne connais pas : mais voici sa carte.

Elle lut: « E. DARCY, *secrétaire d'ambassade.* »
Elle put à peine retenir un cri.

— Je n'y suis pour personne ! s'écria-t-elle ; dites que je suis malade. Ne dites pas que je vais partir.

Elle ne pouvait s'expliquer comment Châteaufort et Darcy venaient la voir en même temps, et, dans son trouble, elle ne douta pas que Darcy n'eût déjà choisi Châteaufort pour son confident. Rien n'était plus simple cependant que leur présence simultanée. Amenés par le même motif, ils s'étaient rencontrés à la porte ; et, après avoir échangé un salut très froid, ils s'étaient tout bas donnés au diable l'un l'autre de grand cœur.

Sur la réponse du domestique, ils descendirent ensemble l'escalier, se saluèrent de nouveau encore plus froidement, et s'éloignèrent chacun dans une direction opposée.

Châteaufort avait remarqué l'attention particulière que madame de Chaverny avait montrée pour

Darcy, et, dès ce moment, il l'avait pris en haine. De son côté, Darcy, qui se piquait d'être physionomiste, n'avait pu observer l'air d'embarras et de contrariété de Châteaufort sans en conclure qu'il aimait Julie; et comme, en sa qualité de diplomate, il était porté à supposer le mal *a priori*, il avait conclu fort légèrement que Julie n'était pas cruelle pour Châteaufort.

— Cette étrange coquette, se disait-il à lui-même en sortant, n'aura pas voulu nous recevoir ensemble, de peur d'une explication comme celle du *Misanthrope*... Mais j'ai été bien sot de ne pas trouver quelque prétexte pour rester et laisser partir ce jeune fat. Assurément, si j'avais attendu seulement qu'il eût le dos tourné, j'aurais été admis, car j'ai sur lui l'incontestable avantage de la nouveauté.

Tout en faisant ces réflexions, il s'était arrêté, puis il s'était retourné, puis il rentrait dans l'hôtel de madame de Chaverny. Châteaufort, qui s'était aussi retourné plusieurs fois pour l'observer, revint sur ses pas et s'établit en croisière à quelque distance pour le surveiller.

Darcy dit au domestique, surpris de le revoir, qu'il avait oublié de lui donner un mot pour sa maîtresse, qu'il s'agissait d'une affaire pressée et d'une commission dont une dame l'avait chargé pour madame de Chaverny. Se souvenant que Julie entendait l'anglais, il écrivit sur sa carte au crayon : *Begs leave to ask when he can show to madame de Chaverny his turkish Album.* Il remit sa carte au domestique, et dit qu'il attendrait la réponse.

Cette réponse tarda longtemps. Enfin le domestique revint fort troublé.

— Madame, dit-il, s'est trouvé mal tout à l'heure, et elle est trop souffrante maintenant pour pouvoir vous répondre.

Tout cela avait duré un quart d'heure. Darcy ne croyait guère à l'évanouissement, mais il était bien évident qu'on ne voulait pas le voir. Il prit son parti philosophiquement; et, se rappelant qu'il avait des visites à faire dans le quartier, il sortit sans se mettre autrement en peine de ce contretemps.

Châteaufort l'attendait dans une anxiété furieuse. En le voyant passer, il ne douta pas qu'il ne fût son rival heureux, et il se promit bien de saisir aux cheveux la première occasion de se venger de l'infidèle et de son complice. Le commandant Perrin, qu'il rencontra fort à propos, reçut sa confidence et le consola du mieux qu'il put, non sans lui remontrer le peu d'apparence de ses soupçons.

XV

Julie s'était bien réellement évanouie en recevant la seconde carte de Darcy. Son évanouissement fut suivi d'un crachement de sang qui l'affaiblit beaucoup. Sa femme de chambre avait envoyé chercher son médecin; mais Julie refusa obstinément de le voir. Vers quatre heures les chevaux de poste étaient arrivés, les malles attachées : tout était prêt pour le départ. Julie monta en voiture, toussant horriblement et dans un état à faire pitié. Pendant la soirée et toute la nuit, elle ne parla qu'au valet de chambre assis sur le siège de la calèche, et seulement pour qu'il dît aux postillons de se hâter. Elle toussait toujours, et paraissait souffrir beaucoup de la poitrine ; mais elle était si faible, qu'elle s'évanouit lorsqu'on ouvrit la portière. On la descendit dans une mauvaise auberge où on la coucha. Un médecin de village fut appelé : il la trouva avec une fièvre violente, et lui défendit de continuer son voyage. Pourtant elle voulait toujours partir. Dans la soirée le délire vint, et tous les symptômes augmentèrent de gravité. Elle parlait continuellement et avec une volubilité si grande, qu'il était très difficile de la comprendre. Dans ses phrases incohérentes, les noms de Darcy, de Châteaufort et de madame Lambert revenaient souvent. La femme de chambre écrivit à M. de Chaverny pour lui annoncer la maladie de sa femme ; mais elle était à près de trente lieues de Paris, Chaverny chassait chez le duc de H***, et la maladie faisait tant de progrès, qu'il était douteux qu'il pût arriver à temps.

Le valet de chambre, cependant, avait été à cheval à la ville voisine et en avait amené un médecin. Celui-ci blâma les prescriptions de son confrère, déclara qu'on l'appelait bien tard, et que la maladie était grave.

Le délire cessa au lever du jour, et Julie s'endormit alors profondément. Lorsqu'elle s'éveilla, deux ou trois jours après, elle parut avoir de la peine à se rappeler par quelle suite d'accidents elle se trouvait couchée dans une sale chambre d'auberge. Pourtant la mémoire lui revint bientôt. Elle dit qu'elle se sentait mieux, et parla même de repartir le lendemain. Puis, après avoir paru méditer longtemps en tenant la main sur son front, elle demanda de l'encre et du papier, et voulut écrire. Sa femme de chambre la vit commencer des lettres qu'elle déchirait toujours après avoir écrit les premiers mots. En même temps elle recommandait qu'on brûlât les fragments de papier. La femme de chambre remarqua sur plusieurs morceaux ce mot : *Monsieur;* ce qui lui parut extraordinaire, dit-elle, car elle croyait que madame écrivait à sa mère ou à son mari. Sur un autre fragment elle lut : « *Vous devez bien me mépriser...* »

Pendant près d'une demi-heure elle essaya inutilement d'écrire cette lettre, qui paraissait la préoccuper vivement. Enfin l'épuisement de ses forces ne lui permit pas de continuer : elle repoussa le pupitre qu'on avait placé sur son lit, et dit d'un air égaré à sa femme de chambre :

— Écrivez vous-même à M. Darcy.

— Que faut-il écrire, Madame ? demanda la femme de chambre, persuadée que le délire allait recommencer.

— Écrivez-lui qu'il ne me connaît pas... que je ne le connais pas...

Et elle retomba accablée sur son oreiller.

Ce furent les dernières paroles suivies qu'elle prononça. Le délire la reprit et ne la quitta plus. Elle mourut le lendemain sans grandes souffrances apparentes.

XVI

Chaverny arriva trois jours après son enterrement. Sa douleur sembla véritable, et tous les habitants du village pleurèrent en le voyant debout dans le cimetière, contemplant la terre fraîchement remuée qui couvrait le cercueil de sa femme. Il voulait d'abord la faire exhumer et la transporter à Paris ; mais le maire s'y étant opposé, et le notaire lui ayant parlé de formalités sans fin, il se contenta de commander une pierre de liais et de donner des ordres pour l'érection d'un tombeau simple, mais convenable.

Châteaufort fut très sensible à cette mort si soudaine. Il refusa plusieurs invitations de bal, et pendant quelque temps on ne le vit que vêtu de noir.

XVII

Dans le monde on fit plusieurs récits de la mort de madame de Chaverny. Suivant les uns, elle avait eu un rêve, ou, si l'on veut, un pressentiment qui lui annonçait que sa mère était malade. Elle en avait été tellement frappée, qu'elle s'était mise en route pour Nice, sur-le-champ, malgré un gros rhume qu'elle avait gagné en revenant de chez madame Lambert; et ce rhume était devenu une fluxion de poitrine.

D'autres, plus clairvoyants, assuraient d'un air mystérieux que madame de Chaverny, ne pouvant se dissimuler l'amour qu'elle ressentait pour M. de Châteaufort, avait voulu chercher auprès de sa mère la force d'y résister. Le rhume et la fluxion de poitrine étaient la conséquence de la précipitation de son départ. Sur ce point on était d'accord.

Darcy ne parlait jamais d'elle. Trois ou quatre mois après sa mort, il fit un mariage avantageux. Lorsqu'il annonça son mariage à madame Lambert, elle lui dit en le félicitant :

—En vérité, votre femme est charmante, et il n'y a que ma pauvre Julie qui aurait pu vous convenir autant. Quel dommage que vous fussiez trop pauvre pour elle quand elle s'est mariée !

Darcy sourit de ce sourire ironique qui lui était habituel, mais il ne répondit rien.

Ces deux cœurs qui se méconnurent étaient peut-être faits l'un pour l'autre.

LA GUZLA

OU CHOIX DE POÉSIES ILLYRIQUES

recueillies

DANS LA DALMATIE, LA BOSNIE, LA CROATIE
ET L'HERZÉGOVINE

AVERTISSEMENT

Vers l'an de grâce 1827 j'étais *romantique*. Nous disions aux *classiques* : « Vos Grecs ne sont point des Grecs, vos Romains ne sont point des Romains ; vous ne savez pas donner à vos compositions la *couleur locale*. Point de salut sans la *couleur locale*. » Nous entendions par couleur locale ce qu'au XVIIe siècle on appelait les *mœurs;* mais nous étions très fiers de notre mot, et nous pensions avoir imaginé le mot et la chose. En fait de poésies, nous n'admirions que les poésies étrangères et les plus anciennes : les ballades de la frontière écossaise, les romances du Cid, nous paraissaient des chefs-d'œuvre incomparables, toujours à cause de la *couleur locale*.

Je mourais d'envie d'aller l'observer là où elle existait encore, car elle ne se trouve pas en tous lieux. Hélas! pour voyager il ne me manquait qu'une chose, de l'argent; mais, comme il n'en coûte rien pour faire des projets de voyage, j'en faisais beaucoup avec mes amis.

Ce n'étaient pas les pays visités par tous les touristes que nous voulions voir; J.-J. Ampère et moi nous voulions nous écarter des routes suivies par les Anglais. Aussi, après avoir passé rapidement à Florence, Rome et Naples, nous devions nous embarquer à Venise pour Trieste, et de là longer lentement la mer Adriatique jusqu'à Raguse. C'était bien le plan le plus original, le plus beau, le plus neuf, sauf la question d'argent!... En avisant au moyen de la résoudre, l'idée nous vint d'écrire d'avance notre voyage, de le vendre avantageusement, et d'employer nos bénéfices à reconnaître si nous nous étions trompés dans nos descriptions. Alors l'idée était neuve, mais malheureusement nous l'abandonnâmes.

Dans ce projet qui nous amusa quelque temps, Ampère, qui sait toutes les langues de l'Europe, m'avait chargé, je ne sais pourquoi, moi, ignorantissime, de recueillir les poésies originales des Illyriens. Pour me préparer, je lus le *Voyage en Dalmatie* de l'abbé Fortis, et une assez bonne statistique des anciennes provinces illyriennes, rédigée, je crois, par un chef de bureau du ministère des affaires étrangères. J'appris cinq à six mots de slave et j'écrivis, en une quinzaine de jours, la collection de ballades que voici.

Cela fut mystérieusement imprimé à Strasbourg, avec notes et portrait de l'auteur. Mon secret fut bien gardé, et le succès fut immense.

Il est vrai qu'il ne s'en vendit guère qu'une douzaine d'exemplaires, et le cœur me saigne encore en pensant au pauvre éditeur qui fit les frais de cette mystification ; mais, si les Français ne me lurent point, les étrangers et des juges compétents me rendirent bien justice.

Deux mois après la publication de *la Guzla*, M. Bowring, auteur d'une anthologie slave, m'écrivit pour me demander les vers originaux que j'avais si bien traduits.

Puis M. Gerhart, conseiller et docteur quelque part en Allemagne, m'envoya deux gros volumes de poésies slaves traduites en allemand avec *la Guzla* traduite aussi, et en vers, ce qui lui avait été facile, disait-il dans sa préface, car sous ma prose il avait découvert le mètre des vers illyriques. Les Allemands découvrent bien des choses, on le sait, et celui-là me demandait encore des ballades pour faire un troisième volume.

Enfin M. Pouchkine a traduit en russe quelques-unes de mes historiettes, et cela peut se comparer à *Gil Blas* traduit en espagnol, et aux *Lettres d'une religieuse portugaise* traduites en portugais.

Un si brillant succès ne me fit point tourner la tête. Fort du témoignage de MM. Bowring, Gerhart et Pouchkine, je pouvais me vanter d'avoir fait de la *couleur locale* ; mais le procédé était si simple, si facile, que j'en vins à douter du mérite de la *couleur locale* elle-même, et que je pardonnai à Racine d'avoir policé les sauvages héros de Sophocle et d'Euripide.

1840

PRÉFACE

DE LA PREMIÈRE ÉDITION

Quand je m'occupais à former le recueil dont on va lire la traduction, je m'imaginais être à peu près le seul Français (car je l'étais alors), qui pût trouver quelque intérêt dans ces poëmes sans art, production d'un peuple sauvage; aussi les publier était bien loin de ma pensée.

Depuis, remarquant le goût qui se répand tous les jours pour les ouvrages étrangers, et surtout pour ceux qui, par leur forme même, s'éloignent des chefs-d'œuvre que nous sommes habitués à admirer, je songeai à mon recueil de chansons illyriques. J'en fis quelques traductions pour mes amis, et c'est d'après leur avis que je me hasarde à faire un choix dans ma collection et à le soumettre au jugement du public.

Plus qu'un autre, peut-être, j'étais en état de faire cette traduction. J'ai habité fort jeune les provinces illyriques. Ma mère était une Morlaque[1] de Spalatro, et, pendant plusieurs années, j'ai parlé l'illyrique plus souvent que l'italien. Naturellement grand amateur de voyages, j'ai employé le temps que me laissaient quelques occupations assez peu importantes, à bien connaître le pays que j'habitais ; aussi existe-t-il peu de villages, de montagnes, de vallons, depuis Trieste jusqu'à Raguse, que je n'aie visités. J'ai fait même d'assez longues excursions dans la Bosnie et l'Herzégovine, où la langue illyrique s'est conservée dans toute sa pureté, et j'y ai découvert quelques fragments assez curieux d'anciennes poésies.

Maintenant je dois parler du choix que j'ai fait de la langue française pour cette traduction. Je suis Italien ; mais, depuis certains événements qui sont survenus dans mon pays, j'habite la France, que j'ai toujours aimée et dont, pendant quelque temps, j'ai été citoyen. Mes amis sont Français ; je me suis habitué à considérer la France comme ma patrie. Je n'ai pas la prétention, ridicule à un étranger, d'écrire en français avec l'élégance d'un littérateur ; cependant l'éducation que j'ai reçue et le long séjour que j'ai fait dans ce pays m'ont mis à même d'écrire assez facilement, je crois, surtout une traduction, dont le principal mérite, selon moi, est l'exactitude.

Je m'imagine que les provinces illyriques, qui ont été longtemps sous le gouvernement français, sont assez bien connues pour qu'il soit inutile de faire précéder ce

1. Les Morlaques sont les habitants de la Dalmatie qui parlent le slave ou l'illyrique.

PRÉFACE DE LA PREMIÈRE ÉDITION

recueil d'une description géographique, politique, etc.

Je dirai seulement quelques mots des bardes slaves ou joueurs de guzla, comme on les appelle.

La plupart sont des vieillards fort pauvres, souvent en guenilles, qui courent les villes et les villages en chantant des romances et s'accompagnant avec une espèce de guitare, nommée *guzla*, qui n'a qu'une seule corde faite de crin. Les oisifs et les Morlaques, qui ont peu de goût pour le travail, les entourent; et, quand la romance est finie, l'artiste attend son salaire de la générosité de ses auditeurs. Quelquefois, par une ruse adroite, il s'interrompt dans le moment le plus intéressant de son histoire pour faire appel à la générosité du public; souvent même il fixe la somme pour laquelle il consentira à raconter le dénouement.

Ces gens ne sont pas les seuls qui chantent des ballades; presque tous les Morlaques, jeunes ou vieux, s'en mêlent aussi : quelques-uns, en petit nombre, composent des vers qu'ils improvisent souvent (voyez la notice sur Maglanovich). Leur manière de chanter est nasillarde, et les airs des ballades sont très peu variés; l'accompagnement de la guzla ne les relève pas beaucoup, et l'habitude de l'entendre peut seule rendre cette musique tolérable. A la fin de chaque vers, le chanteur pousse un grand cri, ou plutôt un hurlement, semblable à celui d'un loup blessé. On entend ces cris de fort loin dans les montagnes, et il faut y être accoutumé pour penser qu'ils sortent d'une bouche humaine.

1827.

NOTICE

SUR HYACINTHE MAGLANOVICH

Hyacinthe Maglanovich est presque le seul joueur de guzla que j'aie vu, qui fût aussi poète ; car la plupart ne font que répéter d'anciennes chansons, ou, tout au plus, ne composent que des pastiches, prenant vingt vers d'une ballade, autant d'une autre, et liant le tout au moyen de mauvais vers de leur façon.

Notre poète est né à Zuonigrad, comme il le dit lui même dans sa ballade intitulée l'*Aubépine de Veliko*. Il était fils d'un cordonnier, et ses parents ne semblent pas avoir pris beaucoup de soin de son éducation, car il ne sait ni lire ni écrire. A l'âge de huit ans il fut enlevé par des *Tchingénehs* ou bohémiens. Ces gens le menèrent en Bosnie, où ils lui apprirent leurs tours et le convertirent sans peine à l'islamisme, qu'ils profussent pour la plupart [1]. Un *ayan* ou maire de Livno le tira de leurs mains et le prit à son service, où il passa quelques années.

Il avait quinze ans quand un moine catholique réussit à le convertir au christianisme, au risque de se faire empaler s'il était découvert; car les Turcs n'encouragent point les travaux des missionnaires. Le jeune Hyacinthe n'eut pas de peine à se décider à quitter un maître assez dur, comme sont la plupart des Bosniaques ; mais, en se sauvant de sa maison, il voulut tirer vengeance de ses mauvais traitements. Profitant d'une nuit orageuse, il sortit de Livno, emportant une pelisse et le sabre de son maître, avec quelques sequins qu'il put dérober. Le moine qui l'avait rebaptisé l'accompagna dans sa fuite, que peut-être il avait conseillée.

De Livno à Scign en Dalmatie, il n'y a qu'une douzaine de lieues. Les fugitifs s'y trouvèrent bientôt sous la protection du gouvernement vénitien et à l'abri des poursuites de l'ayan. Ce fut dans cette ville que Maglanovich fit sa première chanson : il célébra sa fuite dans une ballade qui trouva quelques admirateurs et qui commença sa réputation [2].

Mais il était sans ressources d'ailleurs pour subsister, et la nature lui avait donné peu de goût pour le

---

1. Tous ces détails m'ont été donnés en 1817 par Maglanovich lui-même.

2. J'ai fait de vains efforts pour me la procurer. Maglanovich lui-même l'avait oubliée, ou peut-être eut-il honte de me réciter son premier essai poétique.

travail. Grâce à l'hospitalité morlaque, il vécut quelque temps de la charité des habitants des campagnes, payant son écot en chantant sur la guzla quelques vieilles romances qu'il savait par cœur. Bientôt il en composa lui-même pour des mariages et des enterrements, et sut si bien se rendre nécessaire qu'il n'y avait plus de bonne fête si Maglanovich et sa guzla n'en étaient pas.

Il vivait ainsi dans les environs de Seign, se souciant fort peu de ses parents, dont il ignore encore le destin, car il n'a jamais été à Zuonigrad depuis son enlèvement.

A vingt-cinq ans c'était un beau jeune homme, fort, adroit, bon chasseur, et de plus poète et musicien célèbre ; il était bien vu de tout le monde, et surtout des jeunes filles. Celle qu'il préférait se nommait Hélène et était fille d'un riche Morlaque, nommé Zlarinovich. Il gagna facilement son affection, et, suivant la coutume, il l'enleva. Il avait pour rival une espèce de seigneur du pays, nommé Uglian, lequel eut connaissance de l'enlèvement projeté. Dans les mœurs illyriennes, l'amant dédaigné se console facilement et n'en fait pas plus mauvaise mine à son rival heureux ; mais cet Uglian s'avisa d'être jaloux et voulut mettre obstacle au bonheur de Maglanovich. La nuit de l'enlèvement, il parut accompagné de deux de ses domestiques au moment où Hélène était déjà montée sur un cheval et prête à suivre son amant. Uglian leur cria de s'arrêter d'une voix menaçante. Les deux rivaux étaient armés. Maglanovich tira le premier et tua le seigneur Uglian. S'il avait eu une famille, elle aurait épousé sa querelle, et il n'aurait pas quitté le pays pour si peu de chose ; mais il était sans parents pour l'aider, et il restait seul exposé à la vengeance de toute la famille du mort. Il prit son parti promptement, et s'enfuit avec sa femme dans les montagnes, où il s'associa avec des heiduques[1].

Il vécut longtemps avec eux, et même il fut blessé au visage dans une escarmouche avec les pandours[2]. Enfin, ayant gagné quelque argent d'une manière assez peu catholique, je crois, il quitta les montagnes, acheta des bestiaux, et vint s'établir dans le Kotar avec sa femme et quelques enfants. Sa maison est près de Smocovich, sur le bord d'une petite rivière ou d'un torrent qui se jette dans le lac de Vrana. Sa femme et ses enfants s'occupent de leurs vaches et de leur petite ferme ; mais lui est toujours en voyage ; souvent il va voir ses anciens amis les heiduques, sans toutefois prendre part à leur dangereux métier.

Je l'ai vu à Zara pour la première fois en 1816. J'étais alors grand admirateur de la langue illyrique, et je désirais beaucoup entendre un poëte en réputation. Mon ami, l'estimable voïévode Nicolas***, avait rencontré à Biograd, où il demeure, Hyacinthe Maglanovich, qu'il connaissait déjà ; et, sachant qu'il allait à Zara, il lui donna une lettre pour moi. Il me disait que, si je voulais en tirer quelque chose, il fallait le faire boire ; car il ne se sentait inspiré que lorsqu'il était à peu près ivre.

1. Espèce de bandits.
2. Soldats de la police. Voyez les notes suivantes.

Hyacinthe avait alors près de soixante ans. C'est un grand homme, vert et robuste pour son âge, les épaules larges et le cou remarquablement gros. Sa figure prodigieusement basanée, ses yeux petits et un peu relevés à la chinoise, son nez aquilin, assez enflammé par l'usage des liqueurs fortes, sa longue moustache blanche et ses gros sourcils noirs, forment un ensemble que l'on oublie difficilement quand on l'a vu une fois. Ajoutez à cela une longue cicatrice qui s'étend sur le sourcil et sur une partie de la joue. Il est très extraordinaire qu'il n'ait pas perdu l'œil en recevant cette blessure. Sa tête était rasée, suivant l'usage presque général des Morlaques, et il portait un bonnet d'agneau noir ; ses vêtements étaient assez vieux, mais encore très propres.

En entrant dans la chambre, il me donna la lettre du voïévode et s'assit sans cérémonie. Quand j'eus fini de lire : « Vous parlez donc l'illyrique ? » me dit-il d'un air de doute assez méprisant. Je lui répondis sur-le-champ dans cette langue que je l'entendais assez bien pour pouvoir apprécier ses chansons, qui m'avaient été extrêmement vantées. « Bien, bien, dit-il ; mais j'ai faim et soif : je chanterai quand je serai rassasié. » Nous dînâmes ensemble. Il me semblait qu'il avait jeûné quatre jours au moins, tant il mangeait avec avidité. Suivant l'avis du voïévode, j'eus soin de le faire boire, et mes amis, qui étaient venus nous tenir compagnie sur le bruit de son arrivée, remplissaient son verre à chaque instant. Nous espérions que, quand cette faim et cette soif si extraordinaires seraient apaisées, notre homme voudrait bien nous faire entendre quelques-uns de ses chants. Mais notre attente fut bien trompée. Tout d'un coup il se leva de table, et, se laissant tomber sur un tapis près du feu (nous étions en décembre), il s'endormit en moins de cinq minutes, sans qu'il y eût moyen de le réveiller.

Je fus plus heureux une autre fois : j'eus soin de le faire boire seulement assez pour l'animer, et alors il nous chanta plusieurs des ballades que l'on trouvera dans ce recueil.

Sa voix a dû être fort belle ; mais alors elle était un peu cassée. Quand il chantait sur sa guzla, ses yeux s'animaient et sa figure prenait une expression de beauté sauvage qu'un peintre aimerait à exprimer sur la toile.

Il me quitta d'une façon étrange : il demeurait depuis cinq jours chez moi, quand un matin il sortit, et je l'attendis inutilement jusqu'au soir. J'appris qu'il avait quitté Zara pour retourner chez lui; mais en même temps je m'aperçus qu'il me manquait une paire de pistolets anglais qui, avant son départ précipité, étaient pendus dans ma chambre. Je dois dire à sa louange qu'il aurait pu emporter également ma bourse et une montre d'or qui valaient dix fois plus que les pistolets.

En 1817, je passai deux jours dans sa maison, où il me reçut avec toutes les marques de la joie la plus vive. Sa femme et tous ses enfants et petits-enfants me sautèrent au cou ; et quand je le quittai, son fils aîné me servit de guide dans les montagnes pendant plusieurs jours, sans qu'il me fût possible de lui faire accepter une récompense.

LA GUZLA

L'AUBÉPINE DE VELIKO[1]

I

L'Aubépine de Veliko, par Hyacinthe Maglano-vich, natif de Zuonigrad, le plus habile des joueurs de guzla. Prêtez l'oreille !

II

Le bey Jean Veliko, fils d'Alexis, a quitté sa maison et son pays. Ses ennemis sont venus de l'est ; ils ont brûlé sa maison et usurpé son pays.

---

1. Ce titre n'est motivé que par la dernière stance. Il paraît que l'aubépine était le signe distinctif ou héraldique de la famille de Veliko.

III

Le bey Jean Velko, fils d'Alexis, avait douze fils : cinq sont morts au gué d'Obravo ; cinq sont morts dans la plaine de Rebrovje.

IV

Le bey Jean Veliko, fils d'Alexis, avait un fils chéri : ils l'ont emmené à Kremen ; ils l'ont enfermé dans une prison dont ils ont muré la porte.

V

Or, le bey Jean Veliko, fils d'Alexis, n'est pas mort au gué d'Obravo ou dans la plaine de Rebrovje, parce qu'il était trop vieux pour la guerre et qu'il était aveugle.

VI

Et son douzième fils n'est pas mort au gué d'Obravo ou dans la plaine de Rebrovje, parce qu'il était trop jeune pour la guerre et qu'il était à peine sevré.

VII

Le bey Jean Veliko, fils d'Alexis, a passé avec son fils la Mresvizza, qui est si jaune ; et il a dit à George Estivanich : « Étends ton manteau, que je sois à l'ombre [1]. »

VIII

Et George Estivanich a étendu son manteau ; il a mangé le pain et le sel avec le bey Jean Veliko [2], et il a nommé Jean le fils que sa femme lui a donné [3].

IX

Mais Nicolas Jagnievo, et Joseph Spalatin, et Fédor Aslar, se sont réunis à Kremen, aux fêtes de Pâques, et ils ont bu et mangé ensemble.

---

1. C'est-à-dire : accorde-moi ta protection.
2. On sait que, dans le Levant, deux personnes qui ont mangé du pain et du sel ensemble deviennent amies par ce fait seul.
3. C'est la plus grande marque d'estime que l'on puisse donner à quelqu'un que de le prendre pour le parrain d'un de ses enfants.

X

Et Nicolas Jagnievo a dit : « La famille de Veliko est détruite. » Et Joseph Spalatin a dit : « Notre ennemi Jean Veliko, fils d'Alexis, est encore vivant. »

XI

Et Fédor Aslar a dit : « George Estivanich a étendu son manteau sur lui, et il vit tranquille au delà de la Mresvizza, avec son dernier fils, Alexis. »

XII

Ils ont dit tous ensemble : « Que Jean Veliko meure avec son fils Alexis! » Et ils se sont pris la main et ils ont bu dans le même cornet de l'eau-de-vie de prunes[1].

XIII

Et le lendemain de la Pentecôte, Nicolas Jagnievo est descendu dans la plaine de Rebrovje,

1. *Slibovitce.*

et vingt hommes le suivent armés de sabres et de mousquets.

XIV

Joseph Spalatin descend le même jour avec quarante heiduques[1], et Fédor Aslar les a joints avec quarante cavaliers portant des bonnets d'agneaux noirs.

XV

Ils ont passé près de l'étang de Majavoda, dont l'eau est noire et où il n'y a pas de poissons ; et ils n'ont pas osé y faire boire leurs chevaux, mais ils les ont abreuvés à la Mresvizza.

XVI

« Que venez-vous faire, beys de l'est ? que venez-vous faire dans le pays de George Estivanich ? Allez-vous à Segna complimenter le nouveau podestat ? »

---

1. Les heiduques sont des espèces de Morlaques sans asile et qui vivent de pillage. Le mot *hayduk* veut dire chef de parti.

XVII

— « Nous n'allons pas à Segna, fils d'Étienne, a répondu Nicolas Jagniévo ; mais nous cherchons Jean Veliko et son fils. Vingt chevaux turcs, si tu nous les livres. »

XVIII

— « Je ne te livrerai pas Jean Veliko pour tous les chevaux turcs que tu possèdes. Il est mon hôte et mon ami. Mon fils unique porte son nom. »

XIX

Alors a dit Joseph Spalatin :
— « Livre-nous Jean Veliko, ou tu feras couler du sang. Nous sommes venus de l'est sur des chevaux de bataille ; nos armes sont chargées. »

XX

— « Je ne te livrerai pas Jean Veliko, et, s'il te faut du sang, sur cette montagne là-bas j'ai cent vingt cavaliers qui descendront au premier coup de mon sifflet d'argent.»

XXI

Alors Fédor Aslar, sans dire mot, lui a fendu a tête d'un coup de sabre, et ils sont venus à la maison de George Estivanich, où était sa femme qui avait vu cela.

XXII

— « Sauve-toi, fils d'Alexis! sauve toi, fils de Jean! les beys de l'est ont tué mon mari; ils vous tueront aussi! » Ainsi a parlé Thérèse Gelin.

XXIII

Mais le vieux bey a dit : « Je suis trop vieux pour courir. » Il lui a dit : « Sauve Alexis, c'est le dernier de son nom ! » Et Thérèse Gelin a dit : « Oui, je le sauverai. »

XXIV

Les beys de l'est ont vu Jean Veliko. « A mort! » ont-ils crié. Leurs balles ont volé toutes à la fois, et leurs sabres tranchants ont coupé ses cheveux gris.

XXV

— « Thérèse Gelin, ce garçon est-il le fils de Jean ? » Mais elle répondit : « Vous ne verserez pas le sang d'un innocent[1]. » Alors ils ont tous crié : « C'est le fils de Jean Veliko ! »

XXVI

Joseph Spalatin voulait l'emmener avec lui, mais Fédor Aslar lui perça le cœur de son yatagan[2], et il tua le fils de George Estivanich, croyant tuer Alexis Veliko.

XXVII

Or, dix ans après, Alexis Veliko était devenu un chasseur robuste et adroit. Il dit à Thérèse Gelin : — « Mère, pourquoi ces robes sanglantes suspendues à la muraille[3] ! »

---

1. Il faudrait, pour rendre cette stance plus intelligible, ajouter : *dirent-ils en montrant le fils de George Estivanich.*

2. Long poignard turc, formant une courbe légère et tranchant à l'intérieur.

3. Usage illyrien.

XXVIII

— « C'est la robe de ton père, Jean Veliko, qui n'est pas encore vengé ; c'est la robe de Jean Estivanich, qui n'est pas vengé, parce qu'il n'a pas laissé de fils. »

XXIX

Le chasseur est devenu triste ; il ne boit plus d'eau-de-vie de prunes ; mais il achète de la poudre à Segna : il rassemble des heiduques et des cavaliers.

XXX

Le lendemain de la Pentecôte, il a passé la Mresvizza, et il a vu le lac noir où il n'y a pas de poissons : il a surpris les trois beys de l'est tandis qu'ils étaient à table.

XXXI

— « Seigneurs ! seigneurs ! voici venir des cavaliers et des heiduques armés : leurs chevaux sont luisants ; ils viennent de passer à gué la Mresvizza : c'est Alexis Veliko. »

XXXII

— « Tu mens, tu mens, vieux râcleur de guzla. Alexis Veliko est mort : je l'ai percé de mon poignard. » Mais Alexis est entré et a crié : « Je suis Alexis, fils de Jean ! »

XXXIII

Une balle a tué Nicolas Jagnievo, une balle a tué Joseph Spalatin ; mais il a coupé la main droite à Fédor Aslar, et lui a coupé la tête ensuite.

XXXIV

— « Enlevez, enlevez ces robes sanglantes. Les beys de l'est sont morts. Jean et George sont vengés. L'aubépine de Veliko a refleuri ; sa tige ne périra pas[1] ! »

---

1. La vengeance passe pour un devoir sacré chez les Morlaques. Leur proverbe favori est celui-ci : *Qui ne se venge pas ne se sanctifie pas.* En illyrique, cela fait une espèce de calembour : *Ko ne se osveti onse ne posveti.* ***Osveta***, en illyrique, signifie vengeance et sanctification.

LA MORT DE THOMAS II

ROI DE BOSNIE[1]

FRAGMENT

. . . .
. . . . . .Alors les mécréants leur coupèrent la tête, et ils mirent la tête d'Étienne au bout d'une lance, et un Tartare la porta près de la muraille en criant :

---

1. Thomas Ier, roi de Bosnie, fut assassiné secrètement, en 1460, par ses deux fils Étienne et Radivoï. Le premier fut couronné sous le nom d'Étienne-Thomas II; c'est le héros de cette ballade. Radivoï, furieux de se voir exclu du trône, révéla le crime d'Étienne et le sien, et alla ensuite chercher un asile auprès de Mahomet.

L'évêque de Modrussa, légat du pape en Bosnie, persuada à Thomas II que le meilleur moyen de se racheter de son parricide était de faire la guerre aux Turcs. Elle fut fatale

— Thomas! Thomas! voici la tête de ton fils. Comme nous avons fait à ton fils, ainsi le ferons-nous!

Et le roi déchira sa robe et se coucha sur la cendre, et il refusa de manger pendant trois jours...

Et les murailles de Kloutch étaient tellement criblées de boulets, qu'elles ressemblaient à un rayon de miel; et nul n'osait lever la tête seulement pour regarder, tant ils lançaient de flèches et de boulets qui tuaient et blessaient les chrétiens. Et les Grecs[1]

---

aux chrétiens : Mahomet ravagea le royaume et assiégea Thomas dans le château de Kloutch en Croatie, où il s'était réfugié. Trouvant que la force ouverte ne le menait pas assez promptement à son but, le sultan offrit à Thomas de lui accorder la paix, sous la condition qu'il lui payerait seulement l'ancien tribut. Thomas II, déjà réduit à l'extrémité, accepta ces conditions et se rendit au camp des infidèles. Il fut aussitôt arrêté, et, sur son refus de se faire circoncire, son barbare vainqueur le fit écorcher vif, et achever à coups de flèches.

Ce morceau est fort ancien, et je n'ai pu en obtenir que ce fragment. Le commencement semble se rapporter à une bataille perdue par Étienne, fils de Thomas II, et qui précéda la prise de la citadelle de Kloutch.

1. Les Grecs et les catholiques romains se damnent à qui mieux mieux dans la Dalmatie et la Bosnie. Ils s'appellent réciproquement *passa-vjerro*, c'est-à-dire foi de chien.

et ceux qui se faisaient appeler *agréables à Dieu*[1] nous ont trahis, et ils se sont rendus à Mahomet, et ils travaillaient à saper les murailles. Mais ces chiens n'osaient encore donner l'assaut, tant ils avaient peur de nos sabres affilés. Et la nuit, lorsque le roi était dans son lit sans dormir, un fantôme a percé les planches de sa chambre, et il a dit :

— Étienne, me reconnais-tu ?

Et le roi lui répondit tout tremblant :

— Oui, tu es mon père, Thomas.

Alors le fantôme étendit la main et secoua sa robe sanglante sur la tête du roi.

Et le roi dit :

— Quand cesseras-tu de me persécuter ?

— Et le fantôme répondit :

— Quand tu te seras remis à Mahomet...

Et le roi est entré dans la tente de ce démon[2], qui fixa sur lui son mauvais œil, et il dit :

— Fais-toi circoncire ou tu périras.

Mais le roi a répondu fièrement :

---

1. En illyrique, *bogou-mili*; c'est le nom que se donnaient les *Paterniens*. Leur hérésie consistait à regarder l'homme comme l'œuvre du diable, à rejeter presque tous les livres de la Bible, enfin à se passer de prêtres.

2. Mahomet II. Les Grecs disent encore que ce prince n'était qu'un diable incarné.

— Par la grâce de Dieu, j'ai vécu chrétien, chrétien je veux mourir.

— Alors ce méchant infidèle l'a fait saisir par ses bourreaux, et ils l'ont écorché vif, et de sa peau ils ont fait une selle. Ensuite leurs archers l'ont pris pour but de leurs flèches, et il est mort malheureusement, à cause de la malédiction de son père.

LA VISION DE THOMAS II

ROI DE BOSNIE[1]

PAR HYACINTHE MAGLANOVICH

1

Le roi Étienne-Thomas se promène dans sa chambre; il se promène à grands pas, tandis que les soldats dorment couchés sur leurs armes; mais lui, il ne peut dormir, car les infidèles assiègent sa ville, et Mahomet veut envoyer sa tête à la grande mosquée de Constantinople.

1. Voir la note de la ballade précédente, contenant un précis des événements qui amenèrent la fin du royaume de Bosnie.

II

Et souvent il se penche en dehors de la fenêtre pour écouter s'il n'entend point quelque bruit; mais la chouette seule pleure au-dessus de son palais, parce qu'elle prévoit que bientôt elle sera obligée de chercher une autre demeure pour ses petits.

III

Ce n'est point la chouette qui cause ce bruit étrange, ce n'est point la lune qui éclaire ainsi les vitraux de l'église de Kloutch; mais dans l'église de Kloutch résonnent les tambours et les trompettes, et les torches allumées ont changé la nuit en un jour éclatant.

IV

Et autour du grand roi Étienne-Thomas dorment ses fidèles serviteurs, et nulle autre oreille que la sienne n'a entendu ce bruit effrayant; seul il sort de sa chambre, son sabre à la main, car il a vu que le ciel lui envoyait un avertissement de l'avenir.

V

D'une main ferme il a ouvert la porte de l'église; mais, quand il vit ce qui était dans le chœur, son courage fut sur le point de l'abandonner; il a pris de sa main gauche une amulette d'une vertu éprouvée, et, plus tranquille alors, il entra dans la grande église de Kloutch.

VI

Et la vision qu'il y vit est bien étrange : le pavé de l'église était jonché de morts, et le sang coulait comme les torrents qui descendent, en automne, dans les vallées du Prologh; et, pour avancer dans l'église, il était obligé d'enjamber des cadavres et de s'enfoncer dans le sang jusqu'à la cheville.

VII

Et ces cadavres étaient ceux de ses fidèles serviteurs, et ce sang était le sang des chrétiens. Une sueur froide coulait le long de son dos, et ses dents s'entrechoquaient d'horreur. Au milieu du chœur, il vit des Turcs et des Tartares armés avec les *Bogou-mili*[1], ces renégats!

---

1. Les Paterniens.

VIII

Et près de l'autel profané, était Mahomet au mauvais œil, et son sabre était rougi jusqu'à la garde, devant lui était Thomas I[er][1], qui fléchissait le genou et qui présentait sa couronne humblement à l'ennemi de la chrétienté.

IX

A genoux aussi était le traître Ravidoï[2], un turban sur la tête ; d'une main il tenait la corde dont il étrangla son père, et de l'autre il prenait la robe du vicaire de Satan[3], et il l'approchait de ses lèvres pour la baiser, ainsi que fait un esclave qui vient d'être bâtonné.

X

Et Mahomet daigna sourire, et il prit la couronne, puis il la brisa sous ses pieds, et il dit :

1. Thomas Ier, père de Thomas II.
2. Son frère, qui l'avait aidé à commettre son parricide.
3. Mahomet II.

« Radivoï, je te donne ma Bosnie à gouverner, et je veux que ces chiens te nomment leur beglierbey[1]. » Et Radivoï se prosterna, et il baisa la terre inondée de sang.

XI

Et Mahomet appela son vizir : « Vizir, que l'on donne un caftan[2] à Radivoï. Le caftan qu'il portera sera plus précieux que le brocart de Venise; car c'est de la peau d'Étienne-Thomas, écorché, que son frère va se revêtir. » Et le vizir répondit : « Entendre c'est obéir[3]. »

XII

Et le bon roi Étienne-Thomas sentit les mains des mécréants déchirer ses habits, et leurs yatagans fendaient sa peau, et de leurs doigts et de leurs

---

1. Ce mot signifie seigneur des seigneurs. C'est le titre du pacha de Bosnie. Radivoï n'en fut jamais revêtu, et Mahomet se garda bien de laisser en Bosnie un seul des rejetons de la famille royale.

2. On sait que le Grand Seigneur fait présent d'un riche *caftan* ou pelisse aux grands dignitaires, au moment où ils vont prendre possession de leurs gouvernements.

3. Proverbe des esclaves turcs qui reçoivent un ordre.

dents ils tiraient cette peau, et ainsi ils la lui ôtèrent jusqu'aux ongles des pieds[1]; et de cette peau Radivoï se revêtit avec joie.

XIII

Alors Étienne-Thomas s'écria : « Tu es juste, mon Dieu ! tu punis un fils parricide ; de mon corps dispose à ton gré ; mais daigne prendre pitié de mon âme, ô divin Jésus ! » A ce nom, l'église a tremblé ; les fantômes s'évanouirent et les flambeaux s'éteignirent tout d'un coup.

XIV

Avez-vous vu une étoile brillante parcourir le ciel d'un vol rapide, éclairant la terre au loin ? Bientôt ce brillant météore disparaît dans la nuit, et les ténèbres reviennent plus sombres qu'auparavant : telle disparut la vision d'Étienne-Thomas.

1. Thomas II fut en effet écorché vif.

XV

A tâtons il regagna la porte de l'église; l'air était pur et la lune dorait les toits d'alentour. Tout était calme, et le roi aurait pu croire que la paix régnait encore dans Kloutch, quand une bombe[1] lancée par le mécréant vint tomber devant lui et donna le signal de l'assaut.

[1]. Maglanovich avait vu des bombes et des mortiers, mais il ignorait que l'invention de ces instruments de destruction était bien postérieure à Mahomet II.

LE MORLAQUE A VENISE[1]

I

Quand Prascovie m'eut abandonné, quand j'étais triste et sans argent, un rusé Dalmate vint dans ma montagne et me dit : « Viens à cette grande ville des eaux, les sequins y sont plus communs que les pierres dans ton pays.

1. La république de Venise entretenait à sa solde un corps de soldats nommés esclavons. Un ramassis de Morlaques, Dalmates, Albanais, composait cette troupe, très méprisée à Venise, ainsi que tout ce qui était militaire. Le sujet de cette ballade semble être un jeune Morlaque malheureux en amour, et qui s'est laissé enrôler dans un moment de dépit.
Ce chant est fort ancien, à en juger par quelques expres-

II

» Les soldats sont couverts d'or et de soie, et ils passent leur temps dans toute sorte de plaisirs. Quand tu auras gagné de l'argent à Venise, tu reviendras dans ton pays avec une veste galonnée d'or et des chaînes d'argent à ton hanzar[1].

III

» Et alors, ô Dmitri! quelle jeune fille ne s'empressera de t'appeler de sa fenêtre et de te jeter son bouquet quand tu auras accordé ta guzla? Monte sur mer, crois-moi, et viens à la grande ville, tu y deviendras riche assurément. »

sions maintenant hors d'usage, et dont peu de vieillards peuvent encore donner le sens. Au reste, rien n'est plus commun que d'entendre chanter à un joueur de guzla des paroles dont il lui serait impossible de donner une explication quelconque. Ils apprennent par cœur, fort jeunes, ce qu'ils ont entendu chanter à leur père, et le répètent comme un perroquet redit sa leçon. Il est malheureusement bien rare aujourd'hui de trouver des poètes illyriens qui ne copient personne et qui s'efforcent de conserver une belle langue, dont l'usage diminue tous les jours.

1. Grand couteau qui sert de poignard au besoin.

IV

Je l'ai cru, insensé que j'étais, et je suis venu dans ce grand navire de pierres ; mais l'air m'étouffe, et leur pain est un poison pour moi. Je ne puis aller où je veux, je ne puis faire ce que je veux ; je suis comme un chien à l'attache.

V

Les femmes se rient de moi quand je parle la langue de mon pays, et ici les gens de nos montagnes ont oublié la leur, aussi bien que nos vieilles coutumes : je suis un arbre transplanté en été, je sèche, je meurs.

VI

Dans ma montagne, lorsque je rencontrais un homme, il me saluait en souriant, et me disait : « Dieu soit avec toi, fils d'Alexis ! » Mais ici je ne rencontre pas une figure amie, je suis comme une fourmi jetée par la brise au milieu d'un vaste étang.

CHANT DE MORT[1]

I

Adieu, adieu, bon voyage! Cette nuit la lune est dans son plein, on voit clair pour trouver son chemin. Bon voyage!

II

Une balle vaut mieux que la fièvre : libre tu as vécu, libre tu es mort. Ton fils Jean t'a vengé; il en a tué cinq.

---

1. Ce chant a été improvisé par Maglanovich à l'enterrement d'un heiduque ou parent, qui s'était brouillé avec la justice et fut tué par les pandours.

III

Nous les avons fait fuir depuis Tchaplissa jusqu'à la plaine; pas un n'a regardé derrière son épaule pour nous voir encore une fois.

IV

Adieu, adieu, bon voyage! Cette nuit la lune est dans son plein, on voit clair à trouver son chemin. Bon voyage!

V

Dis à mon père que je me porte bien[1], que je ne me ressens plus de ma blessure, et que ma femme Hélène est accouchée d'un garçon.

VI

Je l'ai appelé Wladin comme lui. Quand il sera grand, je lui apprendrai à tirer le fusil, à se comporter comme doit le faire un brave.

---

1. Les parents et les amis du mort lui donnent toujours leurs commissions pour l'autre monde.

VII

Chrusich a enlevé ma fille aînée, et elle est grosse de six mois. J'espère qu'elle accouchera aussi d'un garçon beau et fort[1].

VIII

Twark a quitté le pays pour monter sur mer; nous ne savons pas de ses nouvelles : peut-être le rencontreras-tu dans le pays où tu vas.

IX

Tu as un sabre, une pipe et du tabac, avec un manteau de poil de chèvre[2] : en voilà bien assez pour faire un long voyage, où l'on n'a ni froid ni faim.

---

1. Jamais un père ne se fâche contre celui qui enlève sa fille, bien entendu lorsque tout se fait sans violence. (Voyez note 1, l'Amante de Dannisich.)

2. On enterre les heiduques avec leurs armes, leur pipe et les habits qu'ils portaient au moment de leur mort.

X

Adieu, adieu, bon voyage! Cette nuit la lune est dans son plein, on voit clair pour trouver son chemin. Bon voyage!

LE SEIGNEUR MERCURE

I

Les mécréants sont entrés dans notre pays pour enlever les femmes et les petits enfants. Les petits enfants, ils les mettent sur leurs selles devant eux, les femmes, ils les portent en croupe, et tiennent un doigt de ces malheureuses entre leurs dents[1].

---

1. Cette manière barbare de conduire des prisonniers est fort usitée, surtout par les Arnautes dans leurs surprises. Au moindre cri de leur victime, ils lui coupent le doigt avec les dents. D'après cette circonstance et d'autres du même genre, je suppose que l'auteur de la ballade fait allusion à une guerre des anciens rois de Bosnie contre les musulmans.

II

Le seigneur Mercure a levé sa bannière : autour de lui se sont rangés ses trois neveux et ses treize cousins; tous sont couverts d'armes brillantes, et sur leurs habits ils portent la sainte croix et des amulettes pour se préserver de malheur[1].

III

Quand le seigneur Mercure fut monté sur son cheval, il dit à sa femme Euphémie, qui lui tenait la bride : « Prends ce chapelet d'ambre; si tu m'es fidèle, il restera entier; si tu m'es infidèle, le fil cassera et les grains tomberont[2]. »

IV

Et il est parti, et personne n'avait de ses nouvelles, et sa femme craignit qu'il ne fût mort ou

---

1. Ce sont, en général, des bandes de papier contenant plusieurs passages de l'Évangile, mêlés avec des caractères bizarres et enveloppés dans une bourse de cuir rouge. Les Morlaques appellent *zapis* ces talismans, auxquels ils ont grande confiance.

2. On voit à chaque instant des preuves du mépris que les Illyriens ont pour leurs femmes.

que les Arnautes ne l'eussent emmené prisonnier dans leur pays.

Mais, au bout de trois lunes, Spiridion Pietrovich est revenu.

V

Ses habits sont déchirés et souillés de sang, et il se frappait la poitrine. Il dit : « Mon cousin est mort; les mécréants nous ont surpris, et ils ont tué ton mari. J'ai vu un Arnaute lui couper la tête : à grand'peine me suis-je sauvé. »

VI

Alors Euphémie a poussé un grand cri, et elle s'est roulée par terre, déchirant ses habits. « Mais, dit Spiridion, pourquoi tant t'affliger? ne reste-t-il pas au pays des hommes de bien? » Et ce perfide l'a relevée et consolée.

VII

Le chien de Mercure hurlait après son maître, et son cheval hennissait ; mais sa femme Euphémie a séché ses larmes, et la même nuit elle a dormi avec le traître Spiridion. Nous laisserons cette fausse femme pour chanter son mari.

VIII

Le roi a dit au seigneur Mercure : « Va dans mon château à Clissa[1], et dis à la reine qu'elle vienne me trouver dans mon camp. » Et Mercure est parti, et il chevaucha sans s'arrêter trois jours et trois nuits.

IX

Et quand il fut sur les bords du lac de Cettina, il dit à ses écuyers de dresser sa tente, et lui descendit vers le lac pour y boire. Et le lac était couvert d'une grosse vapeur, et l'on entendait des cris confus sortir de ce brouillard.

X

Et l'eau était agitée et bouillonnait comme le tourbillon de la Jemizza quand elle s'enfonce sous terre. Quand la lune se fut levée, le brouillard s'est dissipé, et voilà qu'une armée de petits nains à cheval[2] galopait sur le lac, comme s'il eût été glacé.

1. Clissa a été souvent la résidence des rois de Bosnie, qui possédaient aussi une grande partie de la Dalmatie.
2. Les histoires d'armées de fantômes sont fort com-

XI

A mesure qu'ils touchaient le rivage, homme et cheval grandissaient jusqu'à devenir de la taille des montagnards de Douaré [1] ; et ils formaient des rangs et s'en allaient en bon ordre, chevauchant par la plaine et sautant de joie.

XII

Et quelquefois ils devenaient gris comme le brouillard, et l'on voyait l'herbe au travers de leurs corps ; et d'autres fois leurs armes étincelaient, et ils semblaient tout de feu. Soudain un guerrier monté sur un coursier noir sortit des rangs.

XIII

Et quand il fut devant Mercure, il fit caracoler son cheval et montrait qu'il voulait combattre contre lui. Alors Mercure fit le signe de la croix, et,

munes dans l'Orient. — Tout le monde sait comment une nuit la ville de Prague fut assiégée par des spectres qu'un certain savant mit en fuite en criant : *Vézelé! Vézelé!*

1. Ils sont remarquables par leur haute stature.

piquant son bon cheval, il chargea le fantôme bride abattue et la lance baissée.

XIV

Huit fois ils se rencontrèrent au milieu de leur course, et leurs lances ployèrent sur leurs cuirasses comme des feuilles d'iris ; mais à chaque rencontre le cheval de Mercure tombait sur les genoux, car le cheval du fantôme était bien plus fort.

XV

« Mettons pied à terre, dit Mercure, et combattons encore une fois à pied. » Alors le fantôme sauta à bas de son cheval et courut contre le brave Mercure ; mais il fut porté par terre du premier choc malgré sa taille et sa grande force.

XVI

« Mercure, Mercure, Mercure, tu m'as vaincu, dit le fantôme. Pour ma rançon, je veux te donner un conseil : ne retourne pas dans ta maison, tu y trouverais la mort. » La lune s'est voilée, et le champion et l'armée ont disparu tout d'un coup.

XVII

« Bien est fou qui s'attaque au diable, dit Mercure. J'ai vaincu un démon, et ce qui m'en revient, c'est un cheval couronné et une prédiction de mauvais augure. Mais elle ne m'empêchera pas de revoir ma maison et ma chère femme Euphémie. »

XVIII

Et la nuit, au clair de la lune, il est arrivé au cimetière de Poghosciami[1] ; il vit des prêtres et des pleureuses avec un chiaous[2] auprès d'une fosse nouvelle, et près de la fosse était un homme mort avec son sabre à côté et un voile noir sur sa tête.

XIX

Et Mercure arrêta son cheval : « Chiaous, dit-il, qui allez-vous enterrer en ce lieu ? » Et le chiaous répondit : « Le seigneur Mercure, qui est mort

---

1. Sans doute que la maison du seigneur Mercure était dans ce village.
2. Ce mot est emprunté, je crois, de la langue turque ; il signifie maître des cérémonies.

aujourd'hui. » Mercure se prit à rire de sa réponse; mais la lune s'est voilée, et tout a disparu.

XX

Quand il arriva dans sa maison, il embrassa sa femme Euphémie. « Euphémie, donne-moi ce chapelet que je t'ai confié avant de partir; je m'en rapporte plus à ces grains d'ambre qu'aux serments d'une femme. » Euphémie dit : « Je vais te le donner. »

XXI

Or, le chapelet magique s'était rompu ; mais Euphémie en avait fait un autre tout semblable et empoisonné. — « Ce n'est pas là mon chapelet, dit Mercure. » — « Comptez bien tous les grains, dit-elle; vous savez qu'il y en avait soixante-sept. »

XXII

Et Mercure comptait les grains avec ses doigts, qu'il mouillait de temps en temps de sa salive, et le poison subtil se glissait à travers sa peau. Quand il fut arrivé au soixante-sixième grain, il poussa un grand soupir et tomba mort.

LES BRAVES HEIDUQUES[1]

Dans une caverne, couché sur des cailloux aigus, est un brave heiduque, Christich Mladin. A côté de lui est sa femme, la belle Catherine, à ses pieds ses deux braves fils. Depuis trois jours ils sont dans cette caverne sans manger, car leurs ennemis gardent tous les passages de la montagne, et, s'ils lèvent la tête, cent fusils se dirigent contre eux. Ils ont tellement soif, que leur langue est noire et gonflée, car ils n'ont pour boire qu'un peu d'eau

[1]. On dit que Hyacinthe Maglanovich a fait cette belle ballade dans le temps où il menait lui-même la vie d'un heiduque, c'est-à-dire, à peu de chose près, la vie d'un voleur de grands chemins.

croupie dans le creux d'un rocher. Cependant pas un n'a osé faire entendre une plainte[1], car ils craignaient de déplaire à Cristich Mladin. Quand trois jours furent écoulés, Catherine s'écria : « Que la sainte Vierge ait pitié de vous, et qu'elle vous venge de vos ennemis! » Alors elle a poussé un soupir, et elle est morte. Christich Mladin a regardé le cadavre d'un œil sec ; mais ses deux fils essuyaient leurs larmes quand leur père ne les regardait pas. Le quatrième jour est venu, et le soleil a tari l'eau croupie dans le creux du rocher. Alors Christich, l'aîné des fils de Mladin, est devenu fou : il a tiré son hanzar[2], et il regardait le cadavre de sa mère avec des yeux comme ceux d'un loup qui voit un agneau. Alexandre, son frère cadet, eut horreur de lui. Il a tiré son hanzar et s'est percé le bras.

1. Les heiduques souffrent la douleur avec encore plus de courage que les Morlaques mêmes. J'ai vu mourir un jeune homme qui, s'étant laissé tomber du haut d'un rocher, avait eu les jambes et les cuisses fracturées en cinq ou six endroits. Pendant trois jours d'agonie, il ne proféra pas une seule plainte ; seulement, lorsqu'une vieille femme qui avait, disait-on, des connaissances en chirurgie, voulut soulever ses membres brisés pour y appliquer je ne sais quelle drogue, je vis ses poings se contracter, et ses sourcils épais se rapprocher d'une manière effrayante.

2. Grand couteau que les Morlaques ont toujours à leur ceinture.

« Bois mon sang, Christich, et ne commets pas un crime [1]. Quand nous serons tous morts de faim, nous reviendrons sucer le sang de nos ennemis. » Mladin s'est levé, il s'est écrié : « Enfants, debout ! mieux vaut une belle balle que l'agonie de la faim. » Ils sont descendus tous les trois comme des loups enragés. Chacun a tué dix hommes, chacun a reçu dix balles dans la poitrine. Nos lâches ennemis leur ont coupé la tête, et, quand ils la portaient en triomphe, ils osaient à peine la regarder, tant ils craignaient Christich Mladin et ses fils [2].

1. Ce mot rappelle celui de l'écuyer breton au combat des Trente : « Bois ton sang, Beaumanoir ! »

2. Les soldats qui font la guerre aux heiduques sont nommés pandours. Leur réputation n'est guère meilleure que celle des brigands qu'ils poursuivent; car on les accuse de détrousser souvent les voyageurs qu'ils sont chargés de protéger. Ils sont fort méprisés dans le pays à cause de leur lâcheté. Souvent dix ou douze heiduques se sont fait jour au travers d'une centaine de pandours. Il est vrai que la faim que ces malheureux endurent fréquemment est un aiguillon puissant pour exciter leur courage.

Lorsque les pandours ont fait un prisonnier, ils le conduisent d'une façon assez singulière. Après lui avoir ôté ses armes, ils se contentent de couper le cordon qui attache sa culotte, et la lui laissent pendre sur les jarrets. On sent que le pauvre heiduque est obligé de marcher très lentement, de peur de tomber sur le nez.

L'AMANTE DE DANNISICH

Eusèbe m'a donné une bague d'or ciselé[1] ; Wlodimer m'a donné une toque rouge[2] ornée de

---

1. Avant de se marier, les femmes reçoivent des cadeaux de toute main sans que cela tire à conséquence. Souvent une fille a cinq ou six adorateurs, de qui elle tire chaque jour quelque présent, sans être obligée de leur donner rien autre que des espérances. Quand ce manège a duré ainsi quelque temps, l'amant préféré demande à sa belle la permission de l'enlever, et elle indique toujours l'heure et le lieu de l'enlèvement. Au reste, la réputation d'une fille n'en souffre pas du tout, et c'est de cette manière que se font la moitié des mariages morlaques.

2. Une toque rouge est pour les femmes un insigne de virginité. Une fille qui aurait fait un faux pas et qui oserait paraître en public avec sa toque rouge, risquerait de se la

médailles ; mais, Dannisich, je t'aime mieux qu'eux tous.

II

Eusèbe a les cheveux noirs et bouclés ; Wlodimer a le teint blanc comme une jeune femme des montagnes ; mais, Dannisich, je te trouve plus beau qu'eux tous.

III

Eusèbe m'a embrassée, et j'ai souri ; Wlodimer m'a embrassée, il avait l'haleine douce comme la violette ; quand Dannisich m'embrasse [1], mon cœur tressaille de plaisir.

---

voir arracher par un prêtre, et d'avoir ensuite les cheveux coupés par un de ses parents en signe d'infamie.

1. C'est la manière de saluer la plus ordinaire. Quand une jeune fille rencontre un homme qu'elle a vu une fois, elle l'embrasse en l'abordant. Si vous demandez l'hospitalité à la porte d'une maison, la femme ou la fille aînée du propriétaire vient tenir la bride de votre cheval, et vous embrasse aussitôt que vous avez mis pied à terre. Cette réception est très agréable de la part d'une jeune fille, mais d'une femme mariée elle a ses désagréments. Il faut savoir que, sans doute par excès de modestie et par mépris pour le monde, une femme mariée ne se lave presque jamais la figure : aussi toutes sont-elles d'une malpropreté hideuse.

IV

Eusèbe sait beaucoup de vieilles chansons; Wlodimer sait faire résonner la guzla. J'aime les chansons et la guzla, mais les chansons et la guzla de Dannisich.

V

Eusèbe a chargé son parrain de me demander en mariage; Wlodimer enverra demain le prêtre à mon père[1]; mais viens sous ma fenêtre, Dannisich, et je m'enfuirai avec toi.

---

1. Sans doute pour la demander aussi en mariage.

LA BELLE HÉLÈNE

PREMIÈRE PARTIE

I

Asseyez-vous autour de Jean Bietko, vous tous qui voulez savoir l'histoire lamentable de la belle Hélène et de Théodore Khonopka, son mari. Jean Bietko est le meilleur joueur de guzla que vous ayez entendu et que vous entendrez jamais.

II

Théodore Khonopka était un hardi chasseur au temps de mon grand-père, de qui je tiens cette histoire. Il épousa la belle Hélène, qui le préféra à Piero Stamati[1], parce que Théodore était beau et que Piero était laid et méchant.

III

Piero Stamati s'en est venu un jour à la maison de Théodore Khonopka : « — Hélène, est-il vrai que votre mari est parti pour Venise et qu'il doit y rester un an ? » — « Il est vrai, et j'en suis tout affligée, parce que je vais rester seule dans cette grande maison. »

IV

— « Ne pleurez pas, Hélène, de rester seule à la maison. Il viendra quelqu'un pour vous tenir compagnie. Laissez-moi dormir avec vous, et je vous donnerai une grosse poignée de beaux sequins luisants, que vous attacherez à vos cheveux, qui sont si noirs. »

V

— « Arrière de moi, méchant ! . . . . .

---

[1] Ce nom est italien. Les Morlaques aiment beaucoup dans leurs contes à faire jouer aux Italiens un rôle odieux. *Pasa vjera,* foi de chien, et *lantzmantzka vjera,* foi d'Italien, sont deux injures synonymes.

. . . . » — « Mais, dit le méchant Stamati, laissez-moi dormir avec vous, et je vous donnerai une robe de velours avec autant de sequins qu'il en peut tenir dans le fond de mon bonnet. »

VI

— « Arrière de moi, méchant ! ou je dirai ta perfidie à mes frères, qui te feront mourir. ». .
. . . .
Or, Stamati était un petit vieillard camus et rabougri, et Hélène était grande et forte.

VII

Bien lui prit d'être grande et forte. . . . . .
. . . .
Stamati est tombé sur le dos, et il est rentré dans sa maison pleurant, les genoux à demi ployés et chancelant. . . . .

VIII

Il est allé trouver un juif impie, et lui a demandé comment il se vengerait d'Hélène. Le juif lui a dit : « Cherche sous la pierre d'une tombe jusqu'à ce que tu trouves un crapaud noir [1]; alors tu me l'apporteras dans un pot de terre. »

IX

Il lui apporta un crapaud noir trouvé sous la pierre d'une tombe, et il lui a versé de l'eau sur la tête et a nommé cette bête Jean. C'était un bien grand crime de donner à un crapaud noir le nom d'un si grand apôtre !

X

Alors ils ont lardé le crapaud avec la pointe de leurs yatagans jusqu'à ce qu'un venin subtil sortît de toutes les piqûres; et ils ont recueilli ce venin dans une fiole et l'ont fait boire au crapaud. Ensuite ils lui ont fait lécher un beau fruit.

XI

Et Stamati a dit à un jeune garçon qui le suivait :

1. C'est une croyance populaire de tous les pays que le crapaud est un animal venimeux. On voit dans l'histoire d'Angleterre qu'un roi fut empoisonné par un moine avec de l'ale dans laquelle il avait noyé un crapaud.

« Porte ce fruit à la belle Hélène, et dis-lui que ma femme le lui envoie. » Le jeune garçon a porté le beau fruit, comme on le lui avait dit, et la belle Hélène l'a mangé tout entier avec une grande avidité.

XII

Quand elle eut mangé ce fruit, qui avait une si belle couleur, elle se sentit toute troublée, et il lui sembla qu'un serpent remuait dans son ventre.

Que ceux qui veulent connaître la fin de cette histoire donnent quelque chose à Jean Bietko.

DEUXIÈME PARTIE

I

Quand la belle Hélène eut mangé ce fruit, elle fit le signe de la croix, mais elle n'en sentit pas moins quelque chose qui s'agitait dans son ventre. Elle appela sa sœur, qui lui dit de boire du lait; mais elle sentait toujours comme un serpent.

II

Voilà que son ventre a commencé à gonfler peu

à peu, tous les jours davantage; si bien que les femmes disaient : « Hélène est grosse; mais comment cela se fait-il? car son mari est absent. Il est allé à Venise il y a plus de dix mois. »

III

Et la belle Hélène était toute honteuse et n'osait lever la tête, encore moins sortir dans la rue. Mais elle restait assise et pleurait tout le long du jour et toute la nuit encore. Et elle disait à sa sœur : « Que deviendrai-je quand mon mari reviendra? »

IV

Quand son voyage eut duré un an, Théodore Khonopka pensa à revenir. Il monta sur une galère bien dorée, et il est revenu heureusement dans son pays. Ses voisins et ses amis sont venus à sa rencontre, vêtus de leurs plus beaux habits.

V

Mais il eut beau regarder dans la foule, il ne vit pas la belle Hélène, et alors il demanda : « Qu'est devenue la belle Hélène, ma femme? pourquoi n'est-elle pas ici ? » Ses voisins se prirent à sourire ; ses amis rougirent, mais pas un ne répondit[1].

VI

Quand il est entré dans sa maison, il a trouvé sa femme assise sur un coussin. « Levez-vous, Hélène. » Elle s'est levée, et il a vu son ventre qui était si gros. — « Qu'est-ce que cela ? il y a plus d'un an, Hélène, que je n'ai dormi avec vous ! »

VII

— « Mon seigneur, je vous le jure par le nom de la bienheureuse Vierge Marie, je vous suis restée fidèle ; mais on m'a jeté un sort qui m'a fait enfler le ventre. » Mais il ne l'a point crue, il a tiré son sabre et lui a coupé la tête d'un seul coup.

VIII

Lorsqu'elle eut la tête coupée, il dit : « Cet enfant qui est dans son sein perfide n'est point coupable : je veux le tirer de son sein et l'élever. Je verrai à

---

1. Ce passage est remarquable par sa simplicité et sa concision énergique.

qui il ressemble, ainsi je connaîtrai quel est le traître qui est son père, et je le tuerai.

VIII (VARIANTE[1])

(Lorsqu'elle eut la tête coupée, il dit : « Je veux tirer l'enfant de son sein perfide et l'exposer dans le pays, comme pour le faire mourir. Alors son père viendra le chercher, et par ce moyen je reconnaîtrai le traître qui est son père, et je le tuerai. »)

IX

Il a ouvert son beau sein si blanc, et voilà qu'au lieu d'un enfant il n'a trouvé qu'un crapaud noir. « Hélas ! hélas ! qu'ai-je fait ? dit-il. J'ai tué la belle Hélène, qui ne m'avait point trahi; mais on lui avait jeté un sort avec un crapaud ! »

X

Il a ramassé la tête de sa chère femme et l'a baisée. Soudain cette tête froide a rouvert les yeux, ses lèvres ont tremblé, et elle a dit : « Je

---

1. J'ai entendu chanter cette ballade de ces deux manières.

suis innocente, mais des enchanteurs m'ont ensorcelée par vengeance avec un crapaud noir.

XI

» Parce que je suis restée fidèle, Piero Stamati m'a jeté un sort, aidé par un méchant juif qui habite dans la vallée des tombeaux. » Alors la tête a fermé les yeux, sa langue s'est glacée, et jamais elle ne reparla.

XII

Théodore Khonopka a cherché Piero Stamati et lui a coupé la tête. Il a tué aussi le méchant juif, et il a fait dire trente messes pour le repos de l'âme de sa femme. Que Dieu lui fasse miséricorde et à toute la compagnie.

SUR LE MAUVAIS ŒIL

INTRODUCTION

C'est une croyance fort répandue dans le Levant, et surtout en Dalmatie, que certaines personnes ont le pouvoir de jeter un sort par leurs regards. L'influence que le mauvais œil peut exercer sur un individu est très grande. Ce n'est rien que de perdre au jeu ou de se heurter contre une pierre dans les chemins; souvent le malheureux fasciné s'évanouit, tombe malade et meurt étique en peu de temps. J'ai vu deux fois des victimes du mauvais œil. Dans la vallée de Knin, une jeune fille est abordée par un homme du pays qui lui demande le chemin. Elle le regarde, pousse un cri et tombe par terre sans connaissance. L'étranger prit la fuite.

J'étais à quelque distance et, croyant d'abord qu'il avait assassiné la jeune fille, je courus à son secours avec mon guide. La pauvre enfant revint bientôt à elle et nous dit que l'homme qui lui avait parlé avait le mauvais œil et qu'elle était fascinée. Elle nous pria de l'accompagner chez un prêtre, qui lui fit baiser certaines reliques et pendit à son cou un papier contenant quelques mots bizarres et enveloppé dans de la soie. La jeune fille alors reprit courage; et deux jours après, quand je continuai mon voyage, elle était en parfaite santé.

Une autre fois, au village de Poghoschiamy, je vis un jeune homme de vingt-cinq ans pâlir et tomber par terre de frayeur devant un heiduque très âgé qui le regardait. On me dit qu'il était sous l'influence du mauvais œil, mais que ce n'était pas la faute du heiduque, qui tenait son mauvais œil de la nature, et qui même était fort chagrin de posséder ce redoutable pouvoir. Je voulus faire sur moi-même une expérience : je parlai au heiduque et le priai de me regarder quelque temps; mais il s'y refusa toujours, et parut tellement affligé de ma demande, que je fus forcé d'y renoncer. La figure de cet homme était repoussante, et ses yeux étaient très gros et saillants. En général il les tenait baissés; mais quand, par distraction, il les fixait sur quelqu'un, il lui était impossible, m'a-t-on dit, de les détourner avant que sa victime fût tombée. Le jeune homme qui s'était évanoui l'avait regardé aussi fixement en ouvrant les yeux d'une manière hideuse et montrant tous les signes de la frayeur.

J'ai entendu aussi parler de gens qui avaient deux prunelles dans un œil, et c'étaient les plus redoutables, selon l'opinion des bonnes femmes qui me faisaient ce conte.

Il y a différents moyens, presque tous insuffisants, de se préserver du mauvais œil. Les uns portent sur eux des cornes d'animaux, les autres des morceaux de corail, qu'ils dirigent contre toute personne suspecte du mauvais œil.

On dit aussi qu'au moment où l'on s'aperçoit que le mauvais œil vous regarde, il faut toucher du fer ou bien jeter du café à la tête de celui qui vous fascine. Quelquefois un coup de pistolet tiré en l'air brise le charme fatal. Souvent des Morlaques ont pris un moyen plus sûr, c'est de diriger leur pistolet contre l'enchanteur prétendu.

Un autre moyen de jeter un sort consiste à louer beaucoup une personne ou une chose. Tout le monde n'a pas non plus cette faculté dangereuse, et elle ne s'exerce pas toujours volontairement.

Il n'est personne, ayant voyagé en Dalmatie ou en Bosnie, qui ne se soit trouvé dans la même position que moi. Dans un village sur la Trebignizza, dont j'ai oublié le nom, je vis un joli petit enfant qui jouait sur l'herbe devant une maison. Je le caressai et je complimentai sa mère, qui me regardait. Elle parut assez peu touchée de ma politesse et me pria sérieusement de cracher au front de son enfant. J'ignorais encore que ce fût le moyen de détruire l'enchantement produit par des louanges. Très étonné, je refusais obstinément, et la mère appelait son mari pour m'y contraindre le pistolet sur la gorge, quand mon guide, jeune heiduque, me dit : « Monsieur, je vous ai toujours vu bon et honnête; pourquoi ne voulez-vous pas défaire un enchantement que, j'en suis sûr, vous avez fait sans le vouloir? » Je compris la cause de l'obstination de la mère, et je me hâtai de la satisfaire.

En résumé, pour l'intelligence de la ballade suivante ainsi que de plusieurs autres, il faut croire que certaines personnes ensorcellent par leurs regards, que d'autres ensorcellent par leurs paroles; que cette faculté nuisible se transmet de père en fils; enfin, que ceux qui sont fascinés de cette manière, surtout les enfants et les femmes, sèchent et meurent en peu de temps.

MAXIME ET ZOÉ[1]

PAR HYACINTHE MAGLANOVICH

I

O Maxime Duban! ô Zoé, fille de Jellavich! que la sainte mère de Dieu récompense votre amour! Puissiez-vous être heureux dans le ciel!

II

Quand le soleil s'est couché dans la mer, quand

---

1. Cette ballade peut donner une idée du goût moderne. On y voit un commencement d'afféterie qui se mêle déjà à la simplicité des anciennes poésies illyriques. Au reste, elle est fort admirée, et passe pour une des meilleures de Maglanovich. Peut-être faut-il tenir compte du goût excessif des Morlaques pour tout ce qui sent le merveilleux.

le voïévode s'est endormi, alors on entend une douce guzla sous la fenêtre de la belle Zoé, de la fille ainée de Jellavich.

III

Et vite, la belle Zoé se lève sur la pointe du pied, et elle ouvre sa fenêtre, et un grand jeune homme est assis par terre, qui soupire et qui chante son amour sur la guzla.

IV

Et les nuits les plus noires sont celles qu'il préfère; et, quand la lune est dans son plein, il se cache dans l'ombre, et l'œil seul de Zoé peut le découvrir sous sa pelisse d'agneau noir.

V

Et quel est ce jeune homme à la voix si douce? qui peut le dire? Il est venu de loin; mais il parle notre langue : personne ne le connait, et Zoé seule sait son nom.

VI

Mais ni Zoé ni personne n'a vu son visage; car,

quand vient l'aurore, il met son fusil sur son épaule, et s'enfonce dans les bois, à la poursuite des bêtes fauves.

VII

Et toujours il rapporte des cornes du petit bouc de montagne, et il dit à Zoé : « Porte ces cornes avec toi, et puisse Marie te préserver du mauvais œil ! »

VIII

Il s'enveloppe la tête d'un châle comme un Arnaute[1], et le voyageur égaré qui le rencontre dans les bois n'a jamais pu connaître son visage sous les nombreux plis de la mousseline dorée.

IX

Mais une nuit Zoé dit : « Approche, que ma main te touche. » Et elle a touché son visage de sa main blanche ; et, quand elle se touchait elle-même, elle ne sentait pas des traits plus beaux.

1. En hiver, les Arnautes s'enveloppent les oreilles, les joues et la plus grande partie du front avec un châle tourné autour de la tête et qui passe par-dessous le menton.

X

Alors elle dit : « Les jeunes gens de ce pays m'ennuient; ils me recherchent tous; mais je n'aime que toi seul : viens demain à midi, pendant qu'ils seront tous à la messe.

XI

« Je monterai en croupe sur ton cheval, et tu m'emmèneras dans ton pays, pour que je sois ta femme : il y a bien longtemps que je porte des *opanke*; je veux avoir des pantoufles brodées[1]. »

XII

Le jeune joueur de guzla a soupiré, il a dit : « Que demandes-tu? Je ne puis te voir le jour; mais descends cette nuit même, et je t'emmènerai avec moi dans la belle vallée de Knin : là nous serons époux. »

---

1. Allusion à la coutume qui oblige les filles à porter cette espèce de chaussure grossière avant leur mariage. Plus tard elles peuvent avoir des pantoufles comme celles des femmes turques.

XIII

Et elle dit : « Non, je veux que tu m'emmènes demain, car je veux emporter mes beaux habits, et mon père a la clef du coffre. Je la déroberai demain, et puis je viendrai avec toi. »

XIV

Alors il a soupiré encore une fois, et il dit : « Ainsi que tu le désires, il sera fait. » Puis il l'a embrassée; mais les coqs ont chanté, et le ciel est devenu rose, et l'étranger s'en est allé.

XV

Et quand est venue l'heure de midi, il est arrivé à la porte du voïévode, monté sur un coursier blanc comme lait; et sur la croupe était un coussin de velours, pour porter plus doucement la gentille Zoé.

XVI

Mais l'étranger a le front couvert d'un voile épais; à peine lui voit-on la bouche et la moustache. Et ses habits étincellent d'or, et sa ceinture est brodée de perles[1].

XVII

Et la belle Zoé a sauté lestement en croupe, et le coursier blanc comme lait a henni, orgueilleux de sa charge, et il galopait, laissant derrière lui des tourbillons de poussière.

XVIII

— « Zoé, dis-moi, as-tu emporté cette belle corne que je t'ai donnée? » — « Non, dit-elle; qu'ai-je à faire de ces bagatelles? J'emporte mes habits dorés et mes colliers et mes médailles. »

XIX

« — Zoé, dis-moi, as-tu emporté cette belle relique que je t'ai donnée? » — « Non, dit-elle, je l'ai pendue au cou de mon petit frère, qui est malade, afin qu'il guérisse de son mal. »

---

1. C'est dans cette partie de l'habillement que les hommes mettent surtout un grand luxe.

XX

Et l'étranger soupirait tristement. — « Maintenant que nous sommes loin de ma maison, dit la belle Zoé, arrête ton beau cheval, ôte ce voile et laisse-moi t'embrasser, cher Maxime[1]. »

XXI

Mais il dit : — « Cette nuit nous serons plus commodément dans ma maison : il y a des carreaux de satin ; cette nuit nous reposerons ensemble sous des rideaux de damas. »

XXII

— « Eh quoi ! dit la belle Zoé, est-ce là l'amour que tu as pour moi ? Pourquoi ne pas tourner la tête de mon côté ? Pourquoi me traites-tu avec tant de dédain ? Ne suis-je pas la plus belle fille du pays ? »

---

1. On voit ici comment la fable d'Orphée et d'Eurydice a été travestie par le poète illyrien, qui, j'en suis sûr, n'a jamais lu Virgile.

XXIII

— « O Zoé! dit-il, quelqu'un pourrait passer et nous voir, et tes frères courraient après nous et nous ramèneraient à ton père. » Et parlant ainsi, il pressait son coursier de son fouet.

XXIV

— « Arrête, arrête, ô Maxime! dit-elle, je vois bien que tu ne m'aimes pas; si tu ne te retournes pour me regarder, je vais sauter du cheval, dussé-je me tuer en tombant. »

XXV

Alors l'étranger d'une main arrêta son cheval, et de l'autre il jeta par terre son voile; puis il se retourna pour embrasser la belle Zoé : sainte Vierge! il avait deux prunelles dans chaque œil[1]!

XXVI

Et mortel, et mortel était son regard! Avant que

1. C'est un signe assuré du mauvais œil.

ses lèvres eussent touché celles de la belle Zoé, la jeune fille pencha la tête sur son épaule, et elle tomba de cheval pâle et sans vie.

XXVII

« — Maudit soit mon père! s'écria Maxime Duban, qui m'a donné cet œil funeste[1]. Je ne veux plus causer de maux! » Et aussitôt il s'arracha les yeux avec son hanzar.

XXVIII

Et il fit enterrer avec pompe la belle Zoé; et, pour lui, il entra dans un cloître, mais il n'y vécut pas longtemps, car bientôt on rouvrit le tombeau de la belle Zoé pour placer Maxime à côté d'elle.

---

1. Il faut se rappeler que cet œil funeste est souvent héréditaire dans une famille.

LE MAUVAIS ŒIL[1]

Dors, pauvre enfant, dors tranquille ; puisse saint Eusèbe avoir pitié de toi !

I

Maudit étranger ! puisses-tu périr sous la dent de l'ours! puisse ta femme t'être infidèle!
Dors, etc.

II

Avec des paroles flatteuses il vantait la beauté de

---

1. Voir l'introduction, p. 196.

mon enfant; il a passé la main sur ses cheveux blonds.

Dors, etc.

III

Beaux yeux bleus, disait-il, bleus comme un ciel d'été; et ses yeux gris se sont fixés sur les siens.

Dors, etc.

IV

Heureuse la mère de cet enfant, disait-il, heureux le père; et il voulait leur ôter leur enfant.

Dors, etc.

V

Et par des paroles caressantes il a fasciné le pauvre garçon, qui maigrit tous les jours.

Dors, etc.

VI

Ses yeux bleus, qu'il vantait, sont devenus ternes par l'effet de ses paroles magiques.

Dors, etc.

VI

Ses cheveux blonds sont devenus blancs comme ceux d'un vieillard, tant les enchantements étaient forts.

Dors, etc.

VIII

Ah! si ce maudit étranger était en ma puissance, je l'obligerais à cracher sur ton joli front.

Dors, etc.

IX

Courage, enfant, ton oncle est allé à Starigrad ; il rapportera de la terre du tombeau du saint.

Dors, etc.

X

Et l'évêque, mon cousin, m'a donné une relique que je vais pendre à ton cou pour te guérir.

Dors, etc.

LA FLAMME DE PERRUSSICH

PAR HYACINTHE MAGLANOVICH

I

Pourquoi le bey Janco Marnavich n'est-il jamais dans son pays? Pourquoi voyage-t-il dans les âpres montagnes du Vorgoraz, ne couchant jamais deux nuits sous le même toit? Ses ennemis le poursuivent-ils et ont-ils juré que le prix du sang ne serait jamais reçu?

II

Non. Le bey Janco est riche et puissant. Personne n'oserait se dire son ennemi, car à sa voix plus de deux cents sabres sortiraient du fourreau.

Mais il cherche les lieux déserts et se plaît dans les cavernes qu'habitent les heiduques, car son cœur est livré à la tristesse depuis que son pobratime[1] est mort.

III

Cyrille Pervan est mort au milieu d'une fête. L'eau-de-vie a coulé à grands flots, et les hommes sont devenus fous. Une dispute s'est élevée entre

1. L'amitié est en grand honneur parmi les Morlaques, et il est encore assez commun que deux hommes s'engagent l'un à l'autre par une espèce de fraternité nouvelle. Il y a dans les rituels illyriques des prières destinées à bénir cette union de deux amis qui jurent de s'aider et de se défendre l'un l'autre toute leur vie. Deux hommes unis par cette cérémonie religieuse s'appellent en illyrique *pobratimi*, et les femmes *posestrime*, c'est-à-dire demi-frères, demi-sœurs. Souvent on voit les pobratimi sacrifier leur vie l'un pour l'autre ; et, si quelque querelle survenait entre eux, ce serait un scandale aussi grand que si, chez nous, un fils maltraitait son père. Cependant, comme les Morlaques aiment beaucoup les liqueurs fortes, et qu'ils oublient quelquefois dans l'ivresse leurs serments d'amitié, les assistants ont grand soin de s'entremettre entre les pobratimi, afin d'empêcher les querelles, toujours funestes dans un pays où tous les hommes sont armés.

J'ai vu à Knin une jeune fille morlaque mourir de douleur d'avoir perdu son amie, qui avait péri malheureusement en tombant d'une fenêtre.

deux beys de renom, et le bey Janco Marnavich a tiré son pistolet sur son ennemi; mais l'eau-de-vie a fait trembler sa main, et il a tué son pobratime Cyrille Pervan.

IV

Dans l'église de Perrussich ils s'étaient juré de vivre et de mourir ensemble; mais, deux mois après ce serment juré, l'un des pobratimes est mort par la main de son frère. Le bey Janco depuis ce jour ne boit plus de vin ni d'eau-de-vie; il ne mange que des racines, et il court çà et là comme un bœuf effrayé du taon.

Enfin, il est revenu dans son pays et il est entré dans l'église de Perrussich : là, pendant tout un jour, il a prié, étendu, les bras en croix sur le pavé, et versant des larmes amères. Mais, quand la nuit est venue, il est retourné dans sa maison, et il semblait plus calme; et il a soupé, servi par sa femme et ses enfants.

VI

Et quand il se fut couché, il appela sa femme et lui dit : « De la montagne de Pristeg, peux-tu voir l'église de Perrussich? » Et elle regarda par la fenêtre et dit : « La Morpolazza est couverte de brouillard, et je ne puis rien voir de l'autre côté. » Et le Bey Janco dit : « Bien, recouche-toi près de moi. » Et il pria dans son lit pour l'âme de Cyrille Pervan.

VII

Et quand il eut prié, il dit à sa femme : « Ouvre la fenêtre et regarde du côté de Perrussich. » Aussitôt sa femme s'est levée et elle dit : « De l'autre côté de la Morpolazza, au milieu du brouillard, je vois une lumière pâle et tremblotante. » Alors le bey a souri, et il dit : « Bien, recouche-toi. » Et il prit son chapelet et il se remit à prier.

VIII

Quand il eut dit son chapelet, il appela sa femme et lui dit : « Prascovie, ouvre encore la fenêtre et regarde. » Et elle se leva et dit : « Seigneur, je vois au milieu de la rivière une lumière brillante[1] qui chemine rapidement de ce côté. » Alors elle entendit un grand soupir et quelque chose qui tombait sur le plancher. Le bey Janco était mort.

1. L'idée qu'une flamme bleuâtre voltige autour des tombeaux et annonce la présence de l'âme du mort, est commune à plusieurs peuples, et est généralement reçue en Illyrie.

Le style de cette ballade est touchant par sa simplicité, qualité assez rare dans les poésies illyriques de nos jours.

BARCAROLLE

I

Pisombo[1], pisombo ! la mer est bleue, le ciel est serein, la lune est levée, et le vent n'enfle plus nos voiles d'en haut. Pisombo, pisombo !

II

Pisombo, pisombo ! que chaque homme prenne un aviron ; s'il sait le couvrir d'écume blanche,

---

1. Ce mot n'a aucune signification. Les matelots illyriens le répètent en chantant continuellement pendant qu'il rament, afin d'accorder leurs mouvements.

Les marins de tous les pays ont un mot ou un cri à eux propre, qui accompagne toutes leurs manœuvres.

nous arriverons cette nuit à Raguse. Pisombo, pisombo !

III

Pisombo, pisombo ! ne perdez pas de vue la côte à votre droite, de peur des pirates et de leurs bateaux longs remplis de sabres et de mousquets[1]. Pisombo, pisombo !

IV

Pisombo, Pisombo ! voici la chapelle de saint Étienne, patron de ce navire. — Grand saint Étienne[2], envoie-nous de la brise ; nous sommes las de ramer. Pisombo, pisombo !

V

Pisombo, pisombo ! le beau navire, comme il obéit au gouvernail ! Je ne le donnerais pas pour la grande carraque qui met sept jours à virer de bord[3]. Pisombo, pisombo !

1. Plusieurs de ces bateaux portent jusqu'à soixante hommes, et ils sont tellement étroits, que deux hommes de front ne sont pas assis commodément.

2. Chaque bâtiment porte en général le nom du saint patron du capitaine.

3. Cette ridicule plaisanterie est commune à tous les peuples marins.

LE COMBAT

DE ZENITZA-VELIKA[1]

Le grand bey Radivoï a mené les braves avec lui pour livrer bataille aux infidèles. Quand les Dalmates[2] ont vu nos étendards de soie jaune, ils ont relevé leurs moustaches, ils ont mis leurs bonnets sur l'oreille, et ils ont dit : « Nous aussi nous voulons tuer des mécréants, et nous rapporterons leurs

---

1. J'ignore à quelle époque eut lieu l'action qui a fourni le sujet de ce petit poème, et le joueur de guzla qui me l'a récité ne put me donner d'autres informations, si ce n'est qu'il le tenait de son père, et que c'était une ballade fort ancienne.

2. Les Dalmates sont détestés par les Morlaques, et le leur rendent bien. On verra par la suite que l'auteur attribue à la trahison des Dalmates la perte de la bataille.

têtes dans notre pays. » Le bey Radivoï répondit :
« Dieu y ait part ! » Aussitôt nous avons passé la
Cettina et nous avons brûlé toutes les villes et tous
les villages de ces chiens circoncis ; et, quand nous
trouvions des juifs, nous les pendions aux arbres [1].
Le beglier-bey est parti de Banialouka [2] avec deux
mille Bosniaques pour nous livrer bataille ; mais
aussitôt que leurs sabres courbés ont brillé au soleil, aussitôt que leurs chevaux ont henni sur la
colline de Zenitza-Velika, les Dalmates, ces misérables poltrons, ont pris la fuite et nous ont abandonnés. Alors nous nous sommes serrés en rond et
nous avons environné le grand bey Radivoï. « Seigneur, nous ne vous quitterons pas comme ces
lâches ; mais, Dieu aidant et la sainte Vierge, nous
rentrerons dans notre pays, et nous raconterons
cette grande bataille à nos enfants. » Puis nous
avons brisé nos fourreaux [3]. Chaque homme de

1. Les Juifs sont, dans ce pays, l'objet de la haine des
chrétiens et des Turcs, et dans toutes les guerres ils étaient
traités avec la dernière rigueur. Ils étaient et sont encore
aussi malheureux que le poisson volant, pour me servir de
l'ingénieuse comparaison de sir Walter Scott.

2. Banialouka a été pendant longtemps la résidence du
beglier-bey de Bosnie. Bosna Seraï est maintenant la capitale de ce pachalik.

3 Usage illyrien. C'est un serment de vaincre ou mourir

notre armée en valait dix, et nos sabres étaient rougis depuis la pointe jusqu'à la garde. Mais, comme nous espérions repasser la Cettina, le selichtar[1] Mehemet est venu fondre sur nous avec mille cavaliers. « Braves gens, a dit le bey Radivoï, ces chiens sont trop nombreux, nous ne pourrons leur échapper. Que ceux qui ne sont pas blessés tâchent de gagner les bois ; ainsi ils échapperont aux cavaliers du selichtar. » Lorsqu'il eut fini de parler, il se trouva avec vingt hommes seulement, mais tous, ses cousins ; et tant qu'ils ont vécu, ils ont défendu le bey leur chef. Quand dix-neuf eurent été tués, Thomas, le plus jeune, dit au bey : « Monte sur ce cheval blanc comme neige ; il passera la Cettina et te ramènera au pays. » Mais le bey a refusé de fuir, et il s'est assis par terre les jambes croisées. Alors est venu le selichtar Mehemet qui lui a tranché la tête.

---

1. Selichtar, mot turc qui veut dire *porte-épée;* c'est une des principales charges de la cour d'un pacha.

SUR LE VAMPIRISME

En Illyrie, en Pologne, en Hongrie, dans la Turquie et une partie de l'Allemagne, on s'exposerait au reproche d'irréligion et d'immoralité, si l'on niait publiquement l'existence des vampires.

On appelle vampire (*vudkodlak* en illyrique) un mort qui sort de son tombeau, en général la nuit, et qui tourmente les vivants. Souvent il les suce au cou ; d'autres fois il leur serre la gorge, au point de les étouffer. Ceux qui meurent ainsi par le fait d'un vampire deviennent vampires eux-mêmes après leur mort. Il paraît que tout sentiment d'affection est détruit chez les vampires ; car on a remarqué qu'ils tourmentaient leurs amis et leurs parents plutôt que les étrangers.

Les uns pensent qu'un homme devient vampire par une punition divine ; d'autres, qu'il y est poussé par une espèce de fatalité. L'opinion la plus accréditée est que les schismatiques et les excommuniés enterrés en terre sainte, ne pouvant y trouver aucun repos, se vengent sur les vivants des peines qu'ils endurent.

Les signes du vampirisme sont : la conservation d'un cadavre après le temps où les autres corps entrent en putréfaction, la fluidité du sang, la souplesse des membres, etc. On dit aussi que les vampires ont les yeux ouverts dans leurs fosses, que leurs ongles et leurs cheveux croissent comme ceux des vivants. Quelques-uns se reconnaissent au bruit qu'ils font dans leurs tombeaux en mâchant tout ce qui les entoure, souvent leur propre chair.

Les apparitions de ces fantômes cessent quand, après les avoir exhumés, on leur coupe la tête et qu'on brûle leurs corps.

Le remède le plus ordinaire contre une première attaque d'un vampire est de se frotter tout le corps, et surtout la partie qu'il a sucée, avec le sang que contiennent ses veines, mêlé avec la terre de son tombeau. Les blessures que l'on trouve sur les malades se manifestent par une petite tache bleuâtre ou rouge, telle que la cicatrice que laisse une sangsue.

Voici quelques histoires de vampires rapportées par dom Calmet dans son *Traité sur les apparitions des esprits et sur les vampires*, etc.

« Au commencement de septembre mourut dans le village de Kisilova, à trois lieues de Gradisch, un vieillard âgé de soixante-deux ans, etc. Trois jours après avoir été enterré, il apparut la nuit à son fils, et lui demanda à manger ; celui-ci lui en ayant servi, il mangea et disparut. Le lendemain, le fils raconta à ses voisins ce qui était arrivé. Cette nuit le père ne reparut pas ; mais la nuit suivante il se fit voir et demanda à manger.

» On ne sait pas si son fils lui en donna ou non, mais on trouva le lendemain celui-ci mort dans son lit. Le jour même, cinq ou six personnes tombèrent subitement malades dans le village et moururent l'une après l'autre en peu de jours.

« L'officier ou bailli du lieu, informé de ce qui était arrivé, en envoya une relation au tribunal de Belgrade qui fit venir dans le village deux de ses officiers avec un bourreau, pour examiner cette affaire. L'officier impérial, dont on tient cette relation, s'y rendit de Gradisch, pour être témoin d'un fait dont il avait si souvent ouï parler.

» On ouvrit tous les tombeaux de ceux qui étaient morts depuis six semaines : quand on vint à celui du vieillard, on le trouva les yeux ouverts, d'une couleur vermeille, ayant une respiration naturelle, cependant immobile comme un mort ; d'où l'on conclut qu'il était un signalé vampire. Le bourreau lui enfonça un pieu dans le cœur. On fit un bûcher, et l'on réduisit en cendres le cadavre. On ne trouva aucune marque de vampirisme ni dans le cadavre du fils ni dans celui des autres. »

« Il y a environ cinq ans qu'un certain heiduque, habitant de Médréïga, nommé Arnold Paul, fut écrasé par la chute d'un chariot de foin. Trente jours après sa mort quatre personnes moururent subitement et de la manière que meurent, suivant la tradition du pays, ceux qui sont molestés des vampires. On se ressouvint alors que cet Arnold Paul avait souvent raconté qu'aux environs de Cassova et sur les frontières de la Servie turque, il avait été tourmenté par un vampire turc (car ils croient aussi que ceux qui ont été vampires passifs pendant leur vie le deviennent actifs après leur mort, c'est-à-dire que ceux qui ont été sucés sucent aussi à leur tour), mais qu'il avait trouvé le moyen de se guérir en mangeant de la terre du sépulcre du vampire et en se frottant de son sang ; précaution qui ne l'empêcha pas cependant de le devenir après sa mort, puisqu'il fut exhumé quarante jours après son enterrement, et qu'on trouva sur son cadavre toutes les marques d'un archi-vampire. Son corps était vermeil, ses cheveux, ses ongles, sa barbe s'étaient renouvelés, et ses veines étaient toutes remplies d'un sang fluide et coulant de toutes les parties de son corps sur le linceul dont il était environné. Le hadnagi ou le bailli du lieu, en présence de qui se fit l'exhumation, et qui était un homme expert dans le vampirisme, fit enfoncer, selon la coutume, dans le cœur du défunt Arnold Paul, un pieu fort aigu, dont on lui traversa le corps de part en part; ce qui lui fit, dit-on, jeter un cri effroyable, comme s'il était en vie. Cette expédition faite, on lui coupa la tête et l'on brûla le tout. Après cela, on fit la même expédition sur les cadavres de ces quatre autres personnes mortes de vampirisme, de crainte qu'elles n'en fissent mourir d'autres à leur tour.

» Toutes ces expéditions n'ont cependant pu empêcher que, vers la fin de l'année dernière, c'est-à-dire au bout de cinq ans, ces funestes prodiges n'aient recommencé, et que plusieurs habitants du même village ne soient péris malheureusement.

Dans l'espace de trois mois, dix-sept personnes de différent sexe et de différent âge sont mortes de vampirisme, quelques-unes sans être malades, et d'autres après deux ou trois jours de langueur. On rapporte entre autres qu'une nommée Stanoska, fille de l'heiduque Jotuïlzo, qui s'était couchée en parfaite santé, se réveilla au milieu de la nuit toute tremblante, faisant des cris affreux et disant que le fils de l'heiduque Millo, mort depuis neuf semaines, avait manqué de l'étrangler pendant son sommeil. Dès ce moment, elle ne fit plus que languir et, au bout de trois jours, elle mourut. Ce que cette fille avait dit du fils de Millo le fit d'abord reconnaître pour un vampire : on l'exhuma et on le trouva tel. Les principaux du lieu, les médecins, les chirurgiens examinèrent comment le vampirisme avait pu renaître après les précautions qu'on avait prises quelques années auparavant.

» On découvrit enfin, après avoir bien cherché, que le défunt Arnold Paul avait tué non seulement les quatre personnes dont nous avons parlé, mais aussi plusieurs bestiaux dont les nouveaux vampires avaient mangé, et entre autres, le fils de Millo. Sur ces indices, on prit la résolution de déterrer tous ceux qui étaient morts depuis un certain temps, etc. Parmi une quarantaine on en trouva dix-sept avec tous les signes les plus évidents de vampirisme : aussi leur a-t-on transpercé le cœur et coupé la tête, et ensuite on les a brûlés et jeté leurs cendres dans la rivière.

» Toutes les informations et exécutions dont nous venons de parler ont été faites juridiquement, en bonne forme, et attestées par plusieurs officiers qui sont en garnison dans le pays, par les chirurgiens-majors des régiments et par les principaux habitants du lieu. Le procès-verbal en a été envoyé vers la fin de janvier dernier au conseil de guerre impérial à Vienne, qui avait établi une commission militaire pour examiner la vérité de tous ces faits. » (*D. Calmet*, t. II.)

Je terminerai en racontant un fait du même genre dont j'ai été témoin, et que j'abandonne aux réflexions de mes lecteurs.

En 1816, j'avais entrepris un voyage à pied dans le Vorgoraz, et j'étais logé dans le petit village de Varboska. Mon hôte était un Morlaque riche pour le pays, homme très jovial, assez ivrogne, et nommé Vuck Poglonovich. Sa femme était jeune et belle encore, et sa fille, âgée de seize ans, était charmante. Je voulais rester quelques jours dans sa maison, afin de dessiner des restes d'antiquités dans le voisinage; mais il me fut impossible de louer une chambre pour de l'argent ; il me fallut la tenir de son hospitalité. Cela m'obligeait à une reconnaissance assez pénible, en ce que j'étais contraint de tenir tête à mon ami Poglonovich aussi longtemps qu'il lui plaisait de rester à table. Quiconque a dîné avec un Morlaque sentira la difficulté de la chose.

Un soir, les deux femmes nous avaient quittés depuis une heure environ, et, pour éviter de boire, je chantais à mon hôte quelques chansons de son pays, quand nous fûmes interrompus par des cris affreux qui partaient de la chambre à coucher. Il n'y en a qu'une ordinairement dans une maison, et elle sert à tout le monde. Nous y courûmes armés, et nous y vîmes un spectacle affreux. La mère, pâle et échevelée, soutenait sa fille évanouie, encore plus pâle qu'elle-même, et étendue sur une botte de paille qui lui servait de lit. Elle criait :

— Un vampire ! un vampire ! ma pauvre fille est morte !

Nos soins réunis firent revenir à elle la pauvre Khava : elle avait vu, disait-elle, la fenêtre s'ouvrir, et un homme pâle et enveloppé dans un linceul s'était jeté sur elle et l'avait mordue en tâchant de l'étrangler. Aux cris qu'elle avait poussés, le spectre s'était enfui, et elle s'était évanouie. Cependant elle avait cru reconnaître dans le vampire un homme du pays, mort depuis plus de quinze jours et nommé Wiecznany. Elle avait sur le cou une petite marque rouge; mais je ne sais si ce n'était pas un signe naturel, ou si quelque insecte ne l'avait pas mordue pendant son cauchemar.

Quand je hasardai cette conjecture, le père me repoussa durement; la fille pleurait et se tordait les bras, répétant sans cesse :

— Hélas! mourir si jeune avant d'être mariée!

Et la mère me disait des injures, m'appelant mécréant et certifiant qu'elle avait vu le vampire de ses deux yeux et qu'elle avait bien reconnu Wiecznany. Je pris le parti de me taire.

Toutes les amulettes de la maison et du village furent bientôt pendues au cou de Khava, et son père disait en jurant que le lendemain il irait déterrer Wiecznany et qu'il le brûlerait en présence de tous ses parents. La nuit se passa de la sorte sans qu'il fût possible de les calmer.

Au point du jour, tout le village fut en mouvement; les hommes étaient armés de fusils et de hanzars; les femmes portaient des ferrements rougis; les enfants avaient des pierres et des bâtons. On se rendit au cimetière au milieu des cris et des injures dont on accablait le défunt. J'eus beaucoup de peine à me faire jour au milieu de cette foule enragée et à me placer auprès de la fosse.

L'exhumation dura longtemps. Comme chacun voulait y avoir part, on se gênait mutuellement, et même plusieurs accidents seraient arrivés, sans les vieillards, qui ordonnèrent que deux hommes seulement déterrassent le cadavre. Au moment où on enleva le drap qui couvrait le corps, un cri horriblement aigu me fit dresser les cheveux sur la tête. Il était poussé par une femme à côté de moi :

— C'est un vampire ! il n'est pas mangé des vers ! s'écriait-elle, et cent bouches le répétèrent à la fois.

En même temps vingt coups de fusils tirés à bout portant mirent en pièces la tête du cadavre, et le père et les parents de Khava le frappèrent encore à coups redoublés de leurs longs couteaux. Des femmes recueillaient sur du linge la liqueur rouge qui sortait de ce corps déchiqueté, afin d'en frotter le cou de la malade.

Cependant plusieurs jeunes gens tirèrent le mort hors de la fosse, et, bien qu'il fût criblé de coups, ils prirent encore la précaution de le lier bien fortement sur un tronc de sapin ; puis ils le traînèrent, suivis de tous les enfants, jusqu'à un petit verger en face de la maison de Poglonovich. Là étaient préparés d'avance force fagots entremêlés de paille.

Ils y mirent le feu, puis y jetèrent le cadavre et se mirent à danser autour et à crier à qui mieux mieux, en attisant continuellement le bûcher. L'odeur infecte qu'il répandait me força bientôt de les quitter et de rentrer chez mon hôte.

Sa maison était remplie de monde; les hommes la pipe à la bouche; les femmes parlant toutes à la fois et accablant de questions la malade, qui, toujours très pâle, leur répondait à peine. Son cou était entortillé de ces lambeaux teints de la liqueur rouge et infecte qu'ils prenaient pour du sang, et qui faisait un contraste affreux avec la gorge et les épaules à moitié nues de la pauvre Khava.

Peu à peu toute cette foule s'écoula, et je restai seul d'étranger dans la maison. La maladie fut longue. Khava redoutait beaucoup l'approche de la nuit, et voulait toujours avoir quelqu'un pour la veiller. Comme ses parents, fatigués par leurs travaux de la journée, avaient de la peine à rester éveillés, j'offris mes services comme garde-malade, et ils furent acceptés avec reconnaissance. Je savais que ma proposition n'avait rien d'inconvenant pour les Morlaques.

Je n'oublierai jamais les nuits que j'ai passées auprès de cette malheureuse fille. Les craquements du plancher, le sifflement de la bise, le moindre bruit la faisaient tressaillir. Lorsqu'elle s'assoupissait, elle avait des visions horribles, et souvent elle se réveillait en sursaut en poussant des cris. Son imagination avait été frappée par un rêve, et toutes les commères du pays avaient achevé de la rendre folle en lui racontant des histoires effrayantes. Souvent, sentant ses paupières se fermer, elle me disait :

— Ne t'endors pas, je t'en prie. Tiens un chapelet d'une main et ton hanzar de l'autre; garde-moi bien.

D'autres fois elle ne voulait s'endormir qu'en tenant mon bras dans ses deux mains, et elle le serrait si fortement, qu'on voyait dessus, longtemps après, l'empreinte de ses doigts.

Rien ne pouvait la distraire des idées lugubres qui la poursuivaient. Elle avait une grande peur de la mort, et elle se regardait comme perdue sans ressource, malgré tous les motifs de consolation que nous pouvions lui présenter. En quelques jours elle était devenue d'une maigreur étonnante; ses lèvres étaient totalement décolorées, et ses grands yeux noirs paraissaient encore plus brillants; elle était réellement effrayante à regarder.

Je voulus essayer de réagir sur son imagination, en feignant d'entrer dans ses idées. Malheureusement, comme je m'étais d'abord moqué de sa crédulité, je ne devais plus prétendre à sa confiance. Je lui dis que dans mon pays j'avais appris la magie blanche, que je savais une conjuration très puissante contre les mauvais esprits, et que, si elle voulait, je la prononcerais à mes risques et périls, pour l'amour d'elle.

D'abord sa bonté naturelle lui fit craindre de me brouiller avec le ciel; mais bientôt la peur de la mort l'emportant, elle me pria d'essayer ma conjuration. Je savais par cœur quelques vers français de Racine; je les récitai à haute voix devant la pauvre fille, qui croyait cependant entendre le langage du diable. Puis, frottant son cou à différentes reprises, je feignis d'en retirer une petite agathe rouge que j'avais cachée entre mes doigts. Alors je l'assurai gravement que je l'avais tirée de son cou et qu'elle était sauvée. Mais elle me regarda tristement et me dit :

— Tu me trompes; tu avais cette pierre dans une petite boîte, je te l'ai vue. Tu n'es pas un magicien.

Ainsi ma ruse lui fit plus de mal que de bien. Dès ce moment elle alla toujours de plus en plus mal.

La nuit avant sa mort elle dit :

— C'est ma faute si je meurs. Un tel (elle me

nomma un garçon du village) voulait m'enlever. Je n'ai pas voulu, et je lui ai demandé pour le suivre une chaîne d'argent. Il est allé à Marcaska en acheter une, et, pendant ce temps-là, le vampire est venu. Au reste, ajouta-t-elle, si je n'avais pas été à la maison, il aurait peut-être tué ma mère. Ainsi cela vaut mieux.

Le lendemain elle fit venir son père, et lui fit promettre de lui couper lui-même la gorge et les jarrets, afin qu'elle ne fût pas vampire elle-même, et elle ne voulait pas qu'un autre que son père commît sur son corps ces inutiles atrocités. Puis elle embrassa sa mère et la pria d'aller sanctifier un chapelet au tombeau d'un saint homme auprès de son village, et de le lui apporter ensuite. J'admirai la délicatesse de cette paysanne qui trouvait ce prétexte pour empêcher sa mère d'assister à ses derniers moments. Elle me fit détacher une amulette de son cou.

— Garde-la, me dit-elle, j'espère qu'elle te sera plus utile qu'à moi.

Puis elle reçut les sacrements avec dévotion. Deux ou trois heures après, sa respiration devint plus forte, et ses yeux étaient fixes. Tout d'un coup elle saisit le bras de son père et fit un effort comme pour se jeter sur son sein; elle venait de cesser de vivre. Sa maladie avait duré onze jours.

Je quittai quelques heures après le village, donnant au diable de bon cœur les vampires, les revenants et ceux qui en racontent les histoires.

LA BELLE SOPHIE[1]

SCÈNE LYRIQUE

PERSONNAGES:

NICÉPHORE.
LE BEY DE MOÏNA.
UN ERMITE.
LE KUUM.

SOPHIE.
Chœur de jeunes garçons.
Chœur des Svati.
Chœur de jeunes filles.

I

LES JEUNES GENS

Jeunes gens de Vrachina, sellez vos coursiers noirs, sellez vos coursiers noirs de leurs housses bro-

---

1. Ce morceau, fort ancien, et revêtu d'une forme dramatique que l'on rencontre rarement dans les poésies illyriques, passe pour un modèle de style parmi les joueurs de guzla morlaques. On dit qu'une anecdote véritable a servi de thème à cette ballade, et l'on montre encore dans la vallée de Scign un vieux tombeau qui renferme la belle Sophie et le bey de Moïna.

dées : aujourd'hui parez-vous de vos habits neufs ; aujourd'hui chacun doit se parer, chacun doit avoir un yatagan à poignée d'argent et des pistolets garnis de filigrane. N'est-ce pas aujourd'hui que le riche bey de Moïna épouse la belle Sophie ?

II

NICÉPHORE

Ma mère, ma mère ! ma jument noire est-elle sellée ? Ma mère, ma mère ! ma jument noire a henni : donnez-moi les pistolets dorés que j'ai pris à un bim-bachi ; donnez-moi mon yatagan à poignée d'argent. Écoutez, ma mère ; il me reste dix sequins dans une bourse de soie ; je veux les jeter aux musiciens de la noce. N'est-ce pas aujourd'hui que le riche bey de Moïna épouse la belle Sophie ?

III

LES SVATI[1]

O Sophie, mets ton voile rouge, la cavalcade s'avance ; entends les coups de pistolet qu'ils tirent

---

1. Ce sont les membres des deux familles, réunis pour le mariage. Le chef d'une des deux familles est le président

en ton honneur [1] ! Musiciennes, chantez l'histoire de Jean Valathiano et de la belle Agathe ; vous, vieillards, faites résonner vos guzlas; toi, Sophie, prends un crible, jette des noix [2]. Puisses-tu avoir autant de garçons ! Le riche bey de Moïna épouse la belle Sophie.

IV

SOPHIE

Marchez à ma droite, ma mère ; marchez à ma gauche, ma sœur. Mon frère aîné, tenez la bride du cheval ; mon frère cadet, soutenez la croupière. — Quel est ce jeune homme pâle qui s'avance sur une jument noire ? pourquoi ne se mêle-t-il pas à

des svati, et se nomme *stari-svat*. Deux jeunes gens, appelés *diveri*, accompagnent la mariée et ne la quittent qu'au moment où le kuum la remet à son époux.

1. Pendant la marche de la mariée, les svati tirent continuellement des coups de pistolet, accompagnement obligé de toutes les fêtes, et poussent des hurlements épouvantables. Ajoutez à cela les joueurs de guzla et les musiciennes, qui chantent des épithalames souvent improvisés, et vous aurez une idée de l'horrible charivari d'une noce morlaque.

2. La mariée, en arrivant à la maison de son mari, reçoit des mains de sa belle-mère ou d'une des parentes (du côté du mari) un crible rempli de noix; elle le jette par-dessus sa tête et baise ensuite le seuil de la porte.

la troupe des jeunes svati? Ah ! je reconnais Nicéphore ; je crains qu'il n'arrive quelque malheur. Nicéphore m'aimait avant le riche bey de Moïna.

V

NICÉPHORE

Chantez, musiciennes, chantez comme des cigales! Je n'ai que dix pièces d'or ; j'en donnerai cinq aux musiciennes, cinq aux joueurs de guzla. — O bey de Moïna, pourquoi me regardes-tu avec crainte ? N'es-tu pas le bien-aimé de la belle Sophie? N'as-tu pas autant de sequins que de poils blancs à la barbe? Mes pistolets ne te sont pas destinés. Hou, hou ! ma jument noire, galope à la vallée des pleurs. Ce soir je t'ôterai bride et selle ; ce soir tu seras libre et sans maître.

VI

LES JEUNES FILLES

Sophie, Sophie, que tous les saints te bénissent ! Bey de Moïna, que tous les saints te bénissent ! Puissiez-vous avoir douze fils, tous beaux, tous blonds, hardis et courageux ! Le soleil baisse, le bey attend seul sous son pavillon de feutre : Sophie, hâte-toi, dis adieu à ta mère, suis le kuum ; ce soir tu reposeras sur des carreaux de soie ; tu es l'épouse du riche bey de Moïna.

VII

L'ERMITE

Qui ose tirer un coup de feu près de ma cellule! qui ose tuer les daims qui sont sous la protection de saint Chrysostôme et de son ermite? Mais ce n'est point un daim que ce coup de feu a frappé ; cette balle a tué un homme, et voilà sa jument noire qui erre en liberté. Que Dieu ait pitié de ton âme, pauvre voyageur ! je m'en vais te creuser un tombeau dans le sable auprès du torrent.

VIII

SOPHIE

O mon seigneur, que vos mains sont glacées! ô mon seigneur, que vos cheveux sont humides! Je tremble dans votre lit malgré vos couvertures de Perse. En vérité, mon seigneur, votre corps est glacé ; j'ai bien froid, je frissonne, je tremble ; une sueur glacée a couvert tous mes membres. Ah! sainte mère de Dieu, ayez pitié de moi! mais je crois que je vai mourir.

IX

LE BEY DE MOÏNA

Où est-elle, où est-elle ma bien-aimée, la belle Sophie? Pourquoi ne vient-elle pas sous ma tente de feutre? Esclaves, courez la chercher, et dites aux musiciens de redoubler leurs chants; je leur jetterai demain matin des noix et des pièces d'or. Que ma mère remette la belle Sophie au kuum de la noce! il y a bien longtemps que je suis seul dans ma tente.

X

LE KUUM [1]

Nobles svati, que chacun remplisse sa coupe, que chacun vide sa coupe! La mariée a repris nos

---

1. Le kuum est le parrain de l'un des époux. Il les accompagne à l'église et les suit jusque dans leur chambre à coucher, où il délie la ceinture du marié, qui, ce jour-là, d'après une ancienne superstition, ne peut rien couper, lier ni délier. Le kuum a même le droit de faire déshabiller en sa présence les deux époux. Lorsqu'il juge que le mariage a été consommé, il tire en l'air un coup de pistolet, qui est aussitôt accompagné de cris de joie et de coups de feu par tous les svati.

sequins, elle a volé nos chaînes d'argent¹ ; pour nous venger, ne laissons pas une cruche d'eau-de-vie dans leur maison. Les époux se sont retirés ; j'ai délié la ceinture de l'époux ; livrons-nous à la joie. La belle Sophie épouse le riche bey de Moïna.

XI

SOPHIE

Mon seigneur, que t'ai-je fait ? pourquoi me presser ainsi la poitrine ? Il me semble qu'un cadavre de plomb est sur mon sein. Sainte mère de Dieu ! ma gorge est tellement serrée, que je crois que je vais étouffer. O mes amies ! venez à mon aide, le bey de Moïna veut m'étouffer ! O ma mère, ô ma mère ! venez à mon aide, car il m'a mordue à la veine du cou, et il suce mon sang !

1. La femme n'a pour dot que ses habits et quelquefois une vache ; mais elle a le droit de demander un cadeau à chacun des svati ; de plus, tout ce qu'elle peut leur voler est de bonne prise. En 1812, je perdis de cette manière une fort belle montre ; heureusement que la mariée en ignorait la valeur, et je pus la racheter moyennant deux sequins.

JEANNOT

I

Jeannot devait revenir à la ville, et il fallait passer, la nuit, par un cimetière. Or c'était un poltron plus lâche qu'une femme ; il tremblait comme s'il avait eu la fièvre.

II

Quand il fut dans le cimetière, il regardait à droite et à gauche, et il entendit comme quelqu'un qui rongeait, et il pensa que c'était un brucolaque qui mangeait dans son tombeau [1].

1. Espèce de vampire. (Voyez la notice sur les vampires.)

III

— Hélas ! hélas ! dit-il, je suis perdu ; s'il me regarde, il voudra me manger, car je suis si gras ! Il faut que je mange de la terre de son tombeau [1]; autrement c'est fait de moi.

IV

Alors il s'est baissé pour prendre de la terre ; mais un chien, qui rongeait un os de mouton, a cru que Jeannot voulait le lui prendre : il lui a sauté à la jambe et l'a mordu jusqu'au sang.

1. Ce préservatif est fort en usage, et passe pour être très efficace.

IMPROVISATION[1]

D'HYACINTHE MAGLANOVICH

I

Étranger, que demandes-tu au vieux joueur de guzla ? que veux-tu du vieux Maglanovich ? Ne vois-tu pas ses moustaches blanches, ne vois-tu pas trembler ses mains desséchées ? Comment pourrait-il, ce vieillard cassé, tirer un son de sa guzla, vieille comme lui ?

II

Hyacinthe Maglanovich, autrefois, avait la mous-

---

[1]. Tout me porte à croire que ce morceau a été réellement improvisé. Maglanovich avait une grande réputation parmi ses compatriotes pour les impromptus, et celui-ci, au dire des connaisseurs du pays, est un de ses meilleurs.

tache noire; sa main savait diriger au but un lourd pistolet, et les jeunes hommes et les femmes l'entouraient, la bouche béante d'admiration, quand il daignait s'asseoir à une fête et faire résonner sa guzla sonore.

III

Chanterai-je encore pour que les jeunes joueurs de guzla disent en souriant : Hyacinthe Maglanovich est mort, sa guzla est fausse, et ce vieillard tout cassé radote? Qu'il laisse à d'autres plus habiles que lui l'honneur de charmer les heures de la nuit en les faisant paraître courtes par leurs chants.

IV

Eh bien! qu'ils se présentent les jeunes joueurs de guzla, qu'ils nous fassent entendre leurs vers harmonieux. Le vieux Maglanovich les défie tous. Il a vaincu leurs pères aux combats de l'harmonie; il les vaincra tous; car Hyacinthe Maglanovich est comme ces vieux châteaux ruinés [1]... Mais les maisons neuves sont-elles aussi belles?

---

1. Allusion aux monuments antiques dont les ruines imposantes se rencontrent à chaque pas.

V

La guzla d'Hyacinthe Maglanovich est aussi vieille que lui ; mais jamais elle ne se déshonorera en accompagnant un chant médiocre. Quand le vieux poëte sera mort, qui osera prendre sa guzla et en tirer des sons ? Non, l'on enterre un guerrier avec son sabre : Maglanovich reposera sous la terre avec sa guzla sur sa poitrine.

CONSTANTIN YACOUBOVICH

I

Constantin Yacoubovich était assis sur un banc devant sa porte ; devant lui son enfant jouait avec un sabre ; à ses pieds, sa femme Miliada était accroupie par terre [1]. Un étranger est sorti de la forêt et l'a salué en lui prenant la main.

II

Sa figure est celle d'un jeune homme ; mais ses

---

1. Dans un ménage morlaque le mari couche sur un lit, s'il y en a un dans la maison, et la femme sur le plancher. C'est une des nombreuses preuves du mépris avec lequel sont traitées les femmes dans ce pays. Un mari ne cite jamais le nom de sa femme devant un étranger sans ajouter : *Da, prostite, moya jena* (ma femme, sauf votre respect).

cheveux sont blancs, ses yeux sont mornes, ses joues creuses, sa démarche chancelante. « Frère, a-t-il dit, j'ai bien soif, et je voudrais boire. » Aussitôt Miliada s'est levée, et lui a vite apporté de l'eau-de-vie et du lait.

III

— « Frère, quelle est cette éminence là-bas avec ces arbres verts? » — « N'es-tu donc jamais venu dans ce pays, dit Constantin Yacoubovich, que tu ne connaisses pas le cimetière de notre race? » — « Eh bien! c'est là que je veux reposer, car je me sens mourir peu à peu. »

IV

Alors il a détaché sa large ceinture rouge, et il a montré une plaie sanglante. « Depuis hier la balle d'un chien de mécréant me déchire la poitrine : je ne puis ni vivre ni mourir. » Alors Miliada l'a soutenu, et Constantin Yacoubovich a sondé la blessure.

V

« Triste, triste fut ma vie; triste sera ma mort. Mais sur le haut de ce tertre, dans cet endroit exposé au soleil, je veux que l'on m'enterre ; car je fus un grand guerrier, quand ma main ne trouvait pas un sabre trop pesant pour elle. »

VI

Et sa bouche a souri, et ses yeux sortaient de leur orbite : soudain il a penché la tête. Miliada s'écria : « O Constantin, aide-moi ! car cet étranger est trop lourd pour que je puisse le soutenir toute seule. » Et Constantin a reconnu qu'il était mort.

VII

Puis il l'a chargé sur son cheval et l'a porté au cimetière, sans s'inquiéter si la terre latine souffrirait dans son sein le cadavre d'un Grec schismatique[1]. Ils ont creusé sa fosse au soleil et ils l'ont enterré avec son sabre et son hanzar, comme il convient à un guerrier.

VIII

Après une semaine, l'enfant de Constantin avait

---

1. Un grec enterré dans un cimetière latin devient vampire, *et vice versa.*

les lèvres pâles et pouvait à peine marcher. Il se couchait tout triste sur une natte, lui qui aimait tant à courir çà et là. Mais la Providence a conduit dans la maison de Constantin un saint ermite, son voisin.

IX

« Ton enfant est malade d'une maladie étrange : vois sur son cou si blanc cette tache rouge : c'est la dent d'un vampire. » Alors il a mis ses livres dans un sac, et il est allé au cimetière, et il a fait ouvrir la fosse où l'on avait enterré l'étranger.

X

Or son corps était frais et vermeil ; sa barbe avait cru, et ses ongles étaient longs comme des serres d'oiseau; sa bouche était sanglante, et sa fosse inondée de sang. Alors Constantin a levé un pieu pour l'en percer; mais le mort a poussé un cri et s'est enfui dans les bois.

XI

Et un cheval, quand les étriers lui coupent les flancs [1], ne pourrait courir aussi vite que cet

---

1. Les étriers turcs sont plats, assez semblables à des souliers et tranchants sur les bords; ils servent ainsi d'éperons.

monstre; et son impétuosité était telle que les jeunes arbres se courbaient sous son corps, et que les grosses branches cassaient comme si elles eussent été gelées.

XII

L'ermite a pris du sang et de la terre de la fosse, et en a frotté le corps de l'enfant; et Constantin et Miliada en ont fait autant; et le soir ils disaient : « C'est à cette heure que ce méchant étranger est mort. » Et, comme ils parlaient, le chien a hurlé et s'est caché entre les jambes de son maître.

XIII

La porte s'est ouverte, et un grand géant est entré en se baissant; il s'est assis les jambes croisées, et sa tête touchait les poutres de la maison; et il regardait Constantin en souriant, et celui-ci ne pouvait détourner les yeux, car il était fasciné par le vampire.

XIV

Mais l'ermite a ouvert son livre, et il a jeté une branche de romarin dans le feu; puis, avec son souffle, il a dirigé la fumée contre le spectre, et l'a conjuré au nom de Jésus. Bientôt le vampire a tremblé et s'est élancé par la porte, comme un loup poursuivi par les chasseurs.

XV

Le lendemain, à la même heure, le chien a hurlé et la porte s'est ouverte, et un homme est entré et s'est assis : sa taille était celle d'un soldat, et toujours ses yeux s'attachaient sur ceux de Constantin pour le fasciner ; mais l'ermite l'a conjuré, et il s'est enfui.

XVI

Et le lendemain un petit nain est entré dans sa maison, et un rat aurait bien pu lui servir de monture. Toutefois ses yeux brillaient comme deux flambeaux, et son regard était funeste ; mais l'ermite l'a conjuré pour la troisième fois, et il s'est enfui pour toujours.

IMPROMPTU[1]

La neige au sommet du Prolog n'est pas plus blanche que n'est ta gorge. Un ciel sans nuage n'est pas plus bleu que ne sont tes yeux. L'or de

1. Cet impromptu fut fait à ma requête par un vieux Morlaque pour une dame anglaise qui se trouvait à Trau en 1816.

Je trouve dans le voyage à Boukhara de M. le colonel baron de Meyendorff, une chanson faite par une jeune fille kirghise, qui offre une grande analogie avec celle-ci. Je demande la permission de l'insérer ici.

CHANSON KIRGHISE.

Vois-tu cette neige? Eh bien, mon corps est plus blanc. Sur cette neige vois-tu couler le sang de ce mouton égorgé? Eh bien, mes joues sont plus vermeilles. Passa par cette montagne, tu y verras un tronc d'arbre brûlé : eh bien, mes cheveux sont plus noirs.

Chez le sultan il y a des mollahs qui écrivent beaucoup: eh bien, mes sourcils sont plus noirs que leur encre.

ton collier est moins brillant que ne sont tes cheveux, et le duvet d'un jeune cygne n'est pas plus doux au toucher. Quand tu ouvres la bouche, il me semble voir des amandes sans leur peau. Heureux ton mari! Puisses-tu lui donner des fils qui te ressemblent!

LE VAMPIRE[1]

I

Dans le marais de Stavila, auprès d'une source, est un cadavre étendu sur le dos. C'est ce maudit Vénitien qui trompa Marie, qui brûla nos maisons. Une balle lui a percé la gorge, un yatagan s'est enfoncé dans son cœur; mais depuis trois jours qu'il est sur la terre, son sang coule toujours rouge et chaud.

II

Ses yeux bleus sont ternes, mais regardent le ciel : malheur à qui passe près de ce cadavre ! Qui pourrait éviter la fascination de son regard ? Sa

[1]. Ce fragment de ballade ne se recommande que par la belle description d'un vampire. Il semble se rapporter à quelque petite guerre des heiduques contre les podestats vénitiens.

barbe a crû, ses ongles ont poussé[1]; les corbeaux s'éloignent de lui avec effroi, tandis qu'ils s'attachent aux braves heiduques qui jonchent la terre autour de lui.

III

Sa bouche est sanglante et sourit comme celle d'un homme endormi et tourmenté d'un amour hideux. Approche, Marie, viens contempler celui pour lequel tu as trahi ta famille et ta maison! Ose baiser ces lèvres pâles et sanglantes qui savaient si bien mentir. Vivant il a causé bien des larmes; mort il en coûtera davantage.

. . . .

1. Signes évidents de vampirisme.

LA QUERELLE DE LEPA

ET DE TCHERNYEGOR[1]

I

Malédiction sur Ostoïcz! malédiction sur Nicolo Ziani, Nicolo Ziani au mauvais œil! Puissent leurs femmes être infidèles, leurs enfants difformes!

1. Il est évident que cette intéressante ballade ne nous est point parvenue dans son intégrité. On suppose que le morceau que nous traduisons faisait autrefois partie d'un poème sur la vie des deux pirates Lepa et Tchernyegor, dont un seul épisode s'est conservé.

La première stance contient des imprécations contre ceux qui ont causé la mort des deux héros. A en juger d'après leurs noms, un de ceux que le poète semble accuser de trahison était Morlaque, et l'autre Dalmate ou Italien.

La seconde stance est d'une autre mesure que la première et je ne sais si c'est avec raison que le vieillard de qui je

Puissent-ils périr comme des lâches qu'ils sont!
Ils ont causé la mort de deux braves chefs. . . . .

II

Que celui qui sait lire et écrire, que celui qui aime à rester assis, s'occupe à vendre des étoffes à la ville. Que celui qui a du cœur mette un sabre à son côté, et qu'il vienne à la guerre. Là les jeunes gagneront des richesses...

III

O Lepa! ô Tchernyegor! le vent s'élève, vous pouvez déployer toutes vos voiles. La sainte Vierge et saint Eusèbe veillent sur vos légers vaisseaux; ils sont comme deux aigles qui descendent de la montagne noire pour ravir des agneaux dans la plaine.

IV

Lepa est un brave guerrier, et Tchernyegor est

la tiens la mêlait au reste de la ballade. D'ailleurs, les sentiments qu'elle exprime sont ceux de presque tous les Morlaques. — Le récit de la querelle des deux amis ne commence réellement qu'à la stance quatrième.

aussi un brave soldat. Ils prennent beaucoup d'objets précieux aux riches fainéants des villes; mais ils sont généreux pour les joueurs de guzla, comme les braves doivent l'être; ils font l'aumône aux pauvres[1].

V

C'est pourquoi ils ont gagné le cœur des plus belles femmes. Lepa a épousé la belle Yevekhimia; Tchernyegor a épousé la blonde Nastasia; et, quand ils revenaient de la mer, ils appelaient d'habiles joueurs de guzla et se divertissaient en buvant du vin et de l'eau-de-vie.

VI

Quand ils eurent pris une riche barque, ils la tirèrent à terre, et ils virent une belle robe de brocart[2]. Celui à qui elle appartenait dut être bien triste de perdre cette riche étoffe; mais cette robe pensa causer un grand malheur, car Lepa l'a convoitée et Tchernyegor aussi.

---

1. L'auteur montre ici avec naïveté le motif de son admiration pour ces deux brigands.
2. Venise fabriquait autrefois, comme on sait, une grande quantité d'étoffes de brocart d'or et d'argent pour le Levant.

VII

« — J'ai abordé cette barque le premier, dit Lepa ; je veux avoir cette robe pour ma femme Yevekhimia. » « — Mais, dit Tchernyegor, prends le reste, je veux parer de cette robe ma femme Nastasia. » Alors ils ont commencé à se tirailler la robe, au risque de la déchirer.

VIII

Le front de Tchernyegor a pâli de colère. « A moi, mes jeunes guerriers ! aidez-moi à prendre cette robe ! » Et il a tiré son pistolet ; mais il a manqué Lepa, et il a tué son page[1]. Aussitôt les sabres sortirent de leurs fourreaux : c'était une chose horrible à voir et à raconter.

IX

Enfin, un vieux joueur de guzla s'est élancé : « Arrêtez ! a-t-il crié : tuerez-vous vos frères pour une robe de brocart ? » Alors il a pris la robe et l'a

---

1. Les chefs ont toujours auprès d'eux un page qui porte leur pipe et prépare leur café en temps de paix, et qui charge leurs armes à la guerre. Voilà les principales fonctions d'un page morlaque.

déchirée en morceaux[1]. Lepa remit le premier son sabre au fourreau, et Tchernyegor ensuite; mais il regardait Lepa de travers, parce qu'il avait un mort de plus[2].

X

Ils ne se sont point serré la main, comme ils avaient coutume; ils se sont séparés pleins de colère et pensant à la vengeance. Lepa s'en est allé dans la montagne; Tchernyegor a suivi le rivage. Lepa se disait à lui-même : « Il a tué mon page chéri qui m'allumait ma pipe : il en portera la peine.

XI

» Je veux aller dans sa maison prendre sa femme qu'il aime tant; je la vendrai aux Turcs pour qu'il

---

1. On peut voir par ce trait de quelle considération jouissent les vieillards et les poètes.

2. Quand une famille a perdu un de ses membres par un assassinat, elle tâche de tuer quelqu'un de la famille ennemie. Ce mort trouve des vengeurs, et il n'est pas rare que dans l'espace d'une année une vingtaine de personnes périssent ainsi pour une querelle qui leur est étrangère. La paix ne peut se faire décemment que lorsque chaque famille compte autant de morts l'une que l'autre. Se réconcilier quand on a un mort de plus, c'est s'avouer vaincu.

ne la revoie jamais. » Alors il a pris douze hommes avec lui, et il s'en est allé à la maison de Tchernyegor. Je dirai tout à l'heure pourquoi il ne trouva pas Tchernyegor à la maison.

XII

Quand il fut arrivé à la maison de Tchernyegor, il vit la belle Nastasia qui faisait cuire un agneau[1]. — « Bonjour, Seigneur, dit-elle, veux-tu boire un verre d'eau-de-vie ? » — « Je ne viens pas pour boire de l'eau-de-vie ; je viens pour t'emmener avec moi : tu seras esclave, et tu ne seras jamais rachetée. »

XIII

Il a pris la blonde Nastasia, et, malgré ses cris, il l'a emportée dans sa barque et est allé la vendre à une caravelle à l'ancre près du rivage. Je cesserai de chanter Lepa, et je chanterai Tchernyegor. Il était furieux d'avoir un mort de plus. « Malédiction sur ma main ! j'ai manqué mon perfide ennemi !

---

[1]. Mot à mot, le mouton fumé assaisonné avec des choux : c'est ce que les Illyriens nomment *pasterma*.

XIV

» Mais, puisque je ne puis le tuer, je veux enlever sa femme chérie et la vendre à cette caravelle à l'ancre près du rivage : quand il reviendra dans sa maison et qu'il ne verra plus Yevekhimia, il mourra certainement de douleur. » Alors il a mis son fusil sur son épaule et s'en est venu à la maison de la belle Yevekhimia.

XV

« — Lève-toi, Yevekhimia, lève-toi, femme de Lepa : il faut que tu me suives à ce vaisseau là-bas. » « — Comment ! Seigneur, dit-elle, trahirais-tu ton frère ? » Sans avoir pitié d'elle, il l'a prise par ses cheveux noirs, et, l'ayant chargée sur ses épaules, il l'a menée dans sa barque, puis à bord de la caravelle.

XVI

« — Patron, je veux de cette femme six cents pièces d'or. » « — C'est trop, dit le patron ; je viens d'en acheter une plus belle pour cinq cents. » « — Donne-moi cinq cents pièces d'or, mais montre-moi cette femme-là. » Alors il a reçu cinq cents pièces d'or, et il a livré la belle Yevekhimia, qui fondait en larmes.

XVII

Ils sont entrés dans la cabane, et le patron a levé le voile de la belle Nastasia. Quand Tchernyegor a reconnu sa chère femme, il a poussé un grand cri, et de ses yeux noirs ont coulé des larmes pour la première fois. Il a voulu racheter sa femme; mais le Turc n'a pas voulu la revendre.

XVII

Il a sauté dans sa barque, serrant les poings. « — Ramez, mes jeunes gens, ramez au rivage ! Il faut que tous mes guerriers se rassemblent pour prendre ce gros vaisseau, car il renferme ma chère Nastasia. » La proue s'est couverte d'écume, la barque volait sur l'eau comme un canard sauvage.

XIX

Quand il approcha du rivage, il vit Lepa qui s'arrachait les cheveux. « — Ah ! ma femme Yevekhimia, tu es prisonnière dans cette caravelle ; mais je perdrai la vie ou je te délivrerai ! » Tchernyegor a sauté à terre, et il a marché droit à Lepa et lui a serré la main.

XX

« — J'ai enlevé ta femme, tu as enlevé la mienne. J'ai tué ton page chéri, tu m'as tué un homme de plus. Soyons quittes : périsse notre haine ! Soyons unis comme auparavant, et allons reprendre nos femmes. » Lepa lui a serré la main ; il a dit : « Frère[1], tu parles bien. »

XXI

Ils ont appelé leurs jeunes matelots ; ils embarquent des fusils et des pistolets ; ils rament à la caravelle, frères comme auparavant : c'était un beau spectacle à voir. Ils ont abordé ce gros vaisseau : « Nos femmes, ou vous êtes morts ! » Ils ont repris leurs femmes, mais ils ont oublié d'en rendre le prix[2].

1. *Frère* est mis là comme synonyme d'ami.
2. Ce dernier trait est caractéristique.

L'AMANT EN BOUTEILLE

I

Jeunes filles qui m'écoutez en tressant des nattes, vous seriez bien contentes si, comme la belle Khava[1], vous pouviez cacher vos amants dans une bouteille.

II

La ville de Trebigne a vu un grand prodige : une jeune fille, la plus belle de toutes ses compagnes, a refusé tous les amants, jeunes et braves, riches et beaux.

III

Mais elle porte à son cou une chaîne d'argent

1. Ève.

avec une fiole suspendue, et elle baise ce verre
et lui parle tout le jour, l'appelant son cher amant.

IV

Ses trois sœurs ont épousé trois beys puissants
et hardis. « — Quand te marieras-tu, Khava? Attendras-tu que tu sois vieille pour écouter les jeunes
gens? »

V

« — Je ne me marierai point pour n'être que l'épouse d'un bey : j'ai un ami plus puissant. Si je
désire quelque objet précieux, à mon ordre il l'apporte.

VI

» Si je veux une perle au fond de la mer, il plongera pour me l'apporter : ni l'eau, ni la terre, ni le
feu ne l'arrêtent, quand une fois je lui ai donné
un ordre.

VII

» Moi, je ne crains point qu'il me soit infidèle :
une tente de feutre, un logis de bois ou de pierre

est une maison moins close qu'une bouteille de verre. »

VIII

Et, de Trebigne et de tous les environs, les gens sont accourus pour voir cette merveille; et, si elle demandait une perle, une perle lui était apportée.

IX

Voulait-elle des sequins pour mettre dans ses cheveux[1], elle tendait sa robe et en recevait de pleines poignées. Si elle eût demandé la couronne ducale, elle l'aurait obtenue.

X

L'évêque, ayant appris la merveille, en a été irrité. Il a voulu chasser le démon qui obsédait la belle Khava, et lui a fait arracher sa bouteille chérie.

1. Les femmes attachent des sequins à leurs cheveux, qu'elles portent en nattes tombant sur les épaules. Cette mode est surtout adoptée dans les cantons limitrophes des provinces turques.

XI

« — Vous tous qui êtes chrétiens, joignez vos prières aux miennes pour chasser ce noir démon ! » Alors il a fait le signe de la croix et a frappé sur la fiole de verre un grand coup de marteau.

XII

La fiole s'est brisée : du sang en a jailli. La belle Khava pousse un cri et meurt. C'était bien dommage qu'une si grande beauté fût ainsi victime d'un démon [1].

1. Je trouve, dans le *Monde enchanté* du fameux docteur Balthasar Bekker, une histoire qui a beaucoup de rapport avec celle-ci :

« Environ l'an 1597, Dieu permit qu'aux prières des fidèles il apparût un certain esprit (l'on ne pouvait dire au commencement s'il était noir ou blanc) qui a fait apostasier plusieurs personnes. Il y avait une certaine fille appelée Bietka, qui était recherchée par un jeune homme appelé Zacharie. Ils étaient l'un et l'autre natifs de Wicclam, et y avaient été élevés. Ce jeune homme donc, nonobstant qu'il était ecclésiastique et qu'il aspirât à la prêtrise, ne laissa pas de s'engager et de donner une promesse de mariage ; mais, son père l'ayant détourné de ce dessein par la considération du rang qu'il tenait dans l'Église, et voyant ainsi qu'il ne pouvait venir à bout de son entreprise, il s'abandonna à la mélancolie, de telle sorte qu'il attenta à sa propre vie et s'étrangla. Peu de temps après sa mort, il apparut un esprit à cette jeune fille, qui feignit d'être l'âme de ce Zacharie qui s'était pendu, et qui lui dit qu'il était envoyé de Dieu pour montrer le déplaisir qu'il avait de son crime, et que, comme elle avait été la principale cause de sa mort, il était venu pour s'unir à elle pour accomplir sa promesse. Ce bel esprit sut si bien cajoler cette pauvre créature en lui promettant de l'enrichir, qu'il lui persuada qu'il était l'esprit de son amant défunt, tellement qu'elle se fiança avec lui. Le bruit de ce nouveau mariage de Bietka avec l'esprit de Zacharie se répandant tous les jours de plus en plus dans toute la Pologne, tous les curieux y accoururent de toutes parts.

» Plusieurs des nobles qui ajoutaient foi aux paroles de cet esprit firent connaissance avec lui, et il y en eut même qui le menèrent chez eux. Par ce moyen Bietka amassa beaucoup d'argent, d'autant plus que l'esprit ne voulait rendre aucune réponse, ni parler à personne, ni prédire la moindre chose, que par son consentement. Il demeura un an entier dans la maison du sieur Trepka, intendant de Cracovie; de là, allant de maison en maison, il vint à la fin demeurer chez une certaine dame veuve appelée Wlodkow, où, pendant deux ans qu'ils y séjournèrent, l'esprit mit en œuvre toute son adresse et pratiqua tous les tours qu'il savait faire.

» Voici les principaux. Il donnait assurance des choses passées et présentes. Il élevait adroitement la religion romaine, et enfin il déclamait contre les évangéliques, et assurait qu'ils étaient tous damnés. Il ne voulait pas même qu'aucun d'eux s'approchât de lui; car il estimait qu'ils étaient indignes de converser avec lui; mais il le permettait à ceux dont il était assuré qu'ils ne se souciaient pas tant de la religion que de la nouveauté, et par ce moyen il en attrapa plusieurs qu'il fit rentrer dans le papisme. Jusqu'ici personne n'avait cru que cet esprit était le diable, et on ne l'aurait pas encore appris, si, dans le mois de juillet 1600, certains Polonais, étant allés en Italie, n'eussent répandu le bruit de l'esprit de Zacharie parmi le peuple. Ce qu'un certain Italien, qui exerçait l'art magique, ayant appris, comme il y avait cinq ans que cet esprit qu'il tenait enfermé lui était échappé, il s'en alla en Pologne trouver cette dame Wlodkow, et demanda, au grand étonnement de tous les assistants, que ce diable qui lui avait déserté lui fût rendu; ce que la dame lui ayant accordé, il renferma de nouveau cet esprit malin dans une bague et le rapporta en Italie; lequel diable, au dire de cet Italien, aurait causé de grands malheurs en Pologne s'il l'y eût laissé. »

CARA-ALI LE VAMPIRE

I

Cara-Ali a passé la rivière jaune[1] ; il est monté vers Basile Kaïmis et a logé dans sa maison.

II

Basile Kaïmis avait une belle femme, nommée Juméli ; elle a regardé Cara-Ali, et elle est devenue amoureuse de lui.

III

Cara-Ali est couvert de riches fourrures ; il a des armes dorées, et Basile est pauvre.

[1]. Probablement la Zamargna, qui est très jaune en automne.

IV

Juméli a été séduite par toutes ces richesses; car quelle est la femme qui résiste à beaucoup d'or?

V

Cara-Ali, ayant joui de cette épouse infidèle, a voulu l'emmener dans son pays, chez les mécréants.

VI

Et Juméli dit qu'elle le suivrait; méchante femme, qui préférait le harem d'un infidèle au lit conjugal!

VII

Cara-Ali l'a prise par sa fine taille et l'a mise devant lui sur son beau cheval blanc comme la neige de novembre.

VIII

Où es-tu, Basile? Cara-Ali, que tu as reçu dans ta maison, enlève ta femme Juméli que tu aimes tant!

IX

Il a couru au bord de la rivière jaune, et il a vu les deux perfides qui la traversaient sur un cheval blanc.

X

Il a pris son beau fusil orné d'ivoire et de houppes rouges[1]; il a tiré, et soudain voilà que Cara-Ali a chancelé sur sa monture.

XI

« — Juméli! Juméli! ton amour me coûte cher. Ce chien de mécréant m'a tué, et il va te tuer aussi.

XII

» Maintenant, pour qu'il te laisse la vie, je m'en vais te donner un talisman précieux, avec lequel tu achèteras ta grâce.

---

1. Cet ornement se trouve fréquemment aux fusils des Illyriens et des Turcs.

XIII

» Prends cet Alcoran dans cette giberne de cuir rouge doré[1] : celui qui l'interroge est toujours riche et aimé des femmes.

XIV

» Que celui qui le porte ouvre le livre à la soixante-sixième page ; il commandera à tous les esprits de la terre et de l'eau. »

XV

Alors il tombe dans la rivière jaune, et son corps flottait, laissant un nuage rouge au milieu de l'eau.

XVI

Basile Kaïmis accourt ; et, saisissant la bride du cheval, il avait le bras levé pour tuer sa femme.

1. Presque tous les musulmans portent un Alcoran dans une petite giberne en cuir rouge.

XVII

« — Accorde-moi la vie, Basile, et je te donnerai un talisman précieux : celui qui le porte est toujours riche et aimé des femmes.

XVIII

» Que celui qui le porte ouvre le livre à la soixante-sixième[1] page ; il commandera à tous les esprits de la terre et de l'eau. »

XIX

Basile a pardonné à son infidèle épouse ; il a pris le livre que tout chrétien devrait jeter au feu avec horreur.

XX

La nuit est venue ; un grand vent s'est élevé, et la rivière jaune a débordé ; le cadavre de Cara-Ali fut jeté sur le rivage.

---

1. Le nombre soixante-six passe pour être très puissant dans les conjurations.

XXI

Basile a ouvert le livre impie à la soixante-sixième page; soudain la terre a tremblé et s'est ouverte avec un bruit affreux.

XXII

Un spectre sanglant a percé la terre; c'était Cara-Ali. « — Basile, tu es à moi maintenant que tu as renoncé à ton Dieu. »

XXIII

Il saisit le malheureux, le mord à la veine du cou, et ne le quitte qu'après avoir tari ses veines.

XXIV

Celui qui a fait cette histoire est Nicolas Cossiewitch, qui l'avait apprise de la grand'mère de Juméli.

LES POBRATIMI[1]

I

Jean Lubovich était né à Traù, et il vint une fois à la montagne de Vorgoraz, et il fut reçu dans la maison de Cyrille Zborr, qui le régala pendant huit jours.

II

Et Cyrille Zborr vint à Traù, et il logea dans la maison de Jean Lubovich, et pendant huit jours ils burent du vin et de l'eau-de-vie dans la même coupe.

III

Quand Cyrille Zborr voulut s'en retourner dans

[1]. On a vu dans les notes de la *Flamme de Perrussich* l'explication de ce mot.

son pays, Jean Lubovich le retint par la manche et lui dit : « — Allons devant un prêtre et soyons *pobratimi*. »

IV

Et ils allèrent devant un prêtre, qui lut les saintes prières. Ils communièrent ensemble, et jurèrent d'être frères jusqu'à la mort de l'un ou de l'autre.

V

Un jour, Jean était assis, les jambes croisées[1], devant sa maison à fumer sa pipe, quand un jeune homme, les pieds tout poudreux, parut devant lui et le salua.

VI

« — Jean Lubovich, ton frère Cyrille Zborr m'envoie. Il y a près de la montagne un chien qui lui veut du mal, et il te prie de l'aider à vaincre ce mécréant. »

VII

Jean Lubovich a pris son fusil dans sa maison ; il

---

1. C'est la manière la plus générale de s'asseoir.

a mis un quartier d'agneau dans son sac, et, ayant poussé sa porte [1], il s'en vint dans la montagne de Vorgoraz.

VIII

Et les balles que lançaient les pobratimi allaient toujours frapper le cœur des ennemis ; et nul homme, si fort, si leste qu'il fût, n'eût osé leur tenir tête.

IX

Aussi, ils ont pris des chèvres et des chevreaux, des armes précieuses, de riches étoffes et de l'argent monnayé, ils ont pris aussi une belle femme turque.

X

Des chèvres et des chevreaux, des armes et des étoffes, Jean Lubovich a pris une moitié, et Cyrille Zborr l'autre moitié ; mais la femme, ils ne pouvaient la diviser.

XI

Et tous deux voulaient l'emmener dans leur pays,

1. Ce peu de mots exprime assez bien les préparatifs de guerre d'un Morlaque.

car ils aimaient tous deux cette femme : de sorte qu'ils se querellèrent pour la première fois de leur vie.

XII

Mais Jean Lubovich dit : « — Nous avons bu de l'eau-de-vie et nous ne savons ce que nous faisons : demain matin nous parlerons de cette affaire avec tranquillité... » Alors ils se sont couchés sur la même natte, et ils ont dormi jusqu'au matin.

XIII

Cyrille Zborr fut le premier qui s'éveilla, et il poussa Jean Lubovich pour le faire lever. « — Maintenant que tu es sobre, veux-tu me donner cette femme? » Mais Jean Lubovich n'a pas répondu, et il s'est assis, et des larmes coulaient de ses yeux noirs.

XIV

Alors Cyrille s'est assis de son côté, et il regardait tantôt l'esclave turque et tantôt son ami, et il regardait quelquefois le hanzar qui était à sa ceinture.

XV

Or les jeunes gens qui étaient venus à la guerre avec eux se disaient : « — Qu'arrivera-t-il ? deux pobratimi rompront-ils l'amitié qu'ils se sont jurée à l'église ? »

XVI

Quand ils furent restés assis pendant longtemps, ils se levèrent à la fois, et Jean Lubovich a pris la main droite de l'esclave, et Cyrille Zborr sa main gauche.

XVII

Et des larmes coulaient de leurs yeux, grosses comme des gouttes de pluie d'orage. Soudain ils ont tiré leurs hanzars, et en même temps ils les ont plongés dans le sein de l'esclave.

XVIII

« — Périsse l'infidèle plutôt que notre amitié ! » Alors ils se sont serré la main, et jamais ils ne cessèrent de s'aimer.

Cette belle chanson a été faite par Étienne Chipila, le jeune joueur de guzla.

HADAGNY[1]

PREMIÈRE PARTIE

I

Serral est en guerre contre Ostrowicz : les épées ont été tirées ; six fois la terre a bu le sang des braves. Mainte veuve a déjà séché ses larmes, plus d'une mère pleure encore.

II

Sur la montagne, dans la plaine, Serral a lutté contre Ostrowicz ainsi que deux cerfs animés par le rut. Les deux tribus ont versé le sang de leur cœur, et leur haine n'est point apaisée.

1. Cette chanson est, dit-on, populaire dans le Monténègre : c'est à Narenta que je l'ai entendue pour la première fois.

III

Un vieux chef renommé de Serral appelle sa fille: « — Hélène, monte vers Ostrowicz, entre dans le village et observe ce que font nos ennemis. Je veux terminer la guerre, qui dure depuis six lunes. »

IV

Hélène a mis son bonnet garni de tresses d'argent et son beau manteau rouge brodé[1]. Elle a chaussé de forts souliers de buffle[2], et elle est partie pour la montagne au moment où le soleil se couchait.

V

Les beys d'Ostrowicz sont assis autour d'un feu.

---

1. Dans le Monténègre, les femmes servent toujours d'espions. Elles sont cependant respectées par ceux dont elles viennent observer les forces et qui ont connaissance de leur mission. Faire la moindre insulte à une femme d'une tribu ennemie serait se déshonorer à jamais.

2. En illyrique, *opanke* : c'est une semelle de cuir cru attachée à la jambe par des bandelettes; le pied est recouvert d'une espèce de tricot bigarré. C'est la chaussure des femmes et des filles. Quelque riches qu'elles soient, elle portent les *opanke* jusqu'à leur mariage; alors, si elles veulent, elles peuvent prendre les *pachmacks* ou chaussure en maroquin des femmes turques.

Les uns polissent leurs armes, d'autres font des cartouches. Sur une botte de paille est un joueur de guzla qui charme leur veille.

VI

Hadagny, le plus jeune d'entre eux, tourne les yeux vers la plaine. Il voit monter quelqu'un qui vient observer leur camp. Soudain il se lève et saisit un long fusil garni d'argent.

VII

« — Compagnons, voyez-vous cet ennemi qui se glisse dans l'ombre? Si la lumière de ce feu ne se réfléchissait pas sur son bonnet[1], nous serions surpris; mais, si mon fusil ne rate, il périra. »

VIII

Quand il eut baissé son fusil, il lâcha la détente, et les échos répétèrent le bruit du coup. Voilà qu'un bruit plus aigu se fait entendre. Bietko, son vieux père, s'est écrié : « — C'est la voix d'une femme!

IX

» Oh! malheur! malheur! honte à notre tribu!

1. Les bonnets sont garnis de médailles et de galons brillants.

C'est une femme qu'il a tuée au lieu d'un homme armé d'un fusil et d'un yatagan ! » Alors ils ont pris chacun un brandon allumé pour mieux voir.

X

Ils ont vu le corps inanimé de la belle Hélène, et le rouge a coloré leurs visages. Hadagny s'est écrié : « — Honte à moi, j'ai tué une femme ! Malheur à moi, j'ai tué celle que j'aimais ! »

XI

Bietko lui a lancé un regard sinistre. « — Fuis ce pays, Hadagny, tu as déshonoré la tribu. Que dira Serral quand il saura que nous tuons des femmes comme les voleurs heiduques[1] ? »

XII

Hadagny poussa un soupir ; il regarda une dernière fois la maison de son père ; puis il mit son long fusil sur son épaule, et il descendit de la montagne pour aller vivre dans des pays éloignés.

XIII

Cette chanson a été faite par Jean Wieski, le

---

1. Le nom d'heiduque est presque une injure pour les habitants des villages riches.

plus habile des joueurs de guzla. Que ceux qui voudront savoir quelle fut la fin des aventures d'Hadagny payent le joueur de guzla de son grand travail.

DEUXIÈME PARTIE

I

Je gardais mes chèvres, appuyé sur mon long fusil[2]. Mon chien était couché à l'ombre, et les cigales chantaient gaiement sous chaque brin d'herbe; car la chaleur était grande.

II

Du défilé je vis sortir un beau jeune homme. Ses vêtements étaient déchirés, mais on voyait encore briller des broderies sous ses haillons. Il portait un long fusil garni d'argent, et à sa ceinture un yatagan.

1. On croit que cette seconde partie n'est pas du même auteur que la première.
2. Les hommes ne sortent jamais sans être armés.

III

Quand il fut près de moi, il me salua et me dit : « — Frère, ce pays n'est-il pas celui d'Ostrowicz ? » Alors je ne pus retenir mes larmes, et je poussai un profond soupir. « — Oui, lui répondis-je. »

IV

Alors il dit : « — Ostrowicz était riche autrefois, ses troupeaux couvraient la montagne, ses guerriers faisaient briller quatre cents fusils au soleil. Mais aujourd'hui je ne vois que toi et quelques chèvres galeuses. »

V

Alors je dis : « — Ostrowicz était puissant ; mais une grande honte est tombée sur lui et lui a porté malheur. Serral l'a vaincu à la guerre depuis que le jeune Hadagny a tué la belle Hélène. »

VI

« — Raconte-moi, frère, comment cela est arrivé. » « — Serral est venu comme un torrent ; il a tué nos guerriers, dévasté nos moissons et vendu nos enfants aux infidèles. Notre gloire est passée ! »

VII

« — Et le vieux Bietko, ne peux-tu me dire quel fut son sort? » « — Quand il a vu la ruine de sa tribu, il est monté sur cette roche, et il appelait son fils Hadagny, parti pour des pays lointains.

VIII

» Un bey de Serral, puissent tous les saints le maudire! lui tira un coup de fusil, et de son yatagan il lui coupa la gorge; puis il le poussa du pied, et il le fit rouler dans le précipice. »

IX

Alors l'étranger tomba la face contre terre ; et, tel qu'un chamois blessé, il roula dans le précipice où son père était tombé ; car c'était Hadagny, le fils de Bietko, qui avait causé nos malheurs.

LES MONTÉNÉGRINS[1]

I

Napoléon a dit : « — Quels sont ces hommes qui osent me résister? Je veux qu'ils viennent jeter à mes pieds leurs fusils et leurs yatagans ornés de nielles[2]. » Soudain il a envoyé à la montagne vingt mille soldats.

II

Il y a des dragons, des fantassins, des canons et

---

1. Il n'est pas de petit peuple qui ne s'imagine que les regards de l'univers sont fixés sur lui. Du reste, je crois que Napoléon ne s'est jamais beaucoup occupé des Monténégrins.

2. Ce sont des ornements ciselés sur la poignée des armes précieuses, surtout sur les yatagans. On remplit les creux d'une composition d'un beau noir bleuâtre, et dont le secret est, dit-on, perdu dans le Levant.

des mortiers. « — Venez à la montagne, vous y verrez cinq cents braves Monténégrins. Pour leurs canons, il y a des précipices ; pour leurs dragons, des rochers, et pour leurs fantassins, cinq cents bons fusils. »

III

. . . .

IV

Ils sont partis : leurs armes luisaient au soleil : ils sont montés en ordre pour brûler nos villages ; ils sont montés pour emmener dans leur pays nos femmes et nos enfants[2]. Quand ils sont arrivés au rocher gris, ils ont levé les yeux, et ils ont vu nos bonnets rouges.

V

Alors a dit leur capitaine : « — Que chaque homme ajuste son fusil, que chaque homme tue un Monténégrin. » Aussitôt ils ont tiré, et ils ont

---

1. Ici manque une stance.
2. L'habitude de faire la guerre avec les Turcs faisait penser aux Monténégrins que toutes les nations exerçaient les mêmes atrocités dans leurs expéditions militaires.

abattu nos bonnets rouges qui étaient plantés sur des piquets[1]. Mais nous, qui étions à plat-ventre derrière eux, nous leur envoyâmes une vive fusillade.

VI

« — Écoutez l'écho de nos fusils, » a dit le capitaine. Mais, avant qu'il se fût retourné, il était tombé mort et vingt-cinq hommes avec lui. Les autres ont pris la fuite, et jamais de leur vie ils n'osèrent regarder un bonnet rouge.

Celui qui a fait cette chanson était avec ses frères au rocher gris; il se nomme Guntzar Wossieratch.

1. Cette ruse fut fréquemment employée avec succès.

LE CHEVAL DE THOMAS II

« — Pourquoi pleures-tu, mon beau cheval blanc? pourquoi hennis-tu douloureusement? N'es-tu pas harnaché assez richement à ton gré? n'as-tu pas des fers d'argent avec des clous d'or? n'as-tu pas des sonnettes d'argent à ton cou, et ne portes-tu pas le roi de la fertile Bosnie. » « — Je pleure, mon maître, parce que l'infidèle m'ôtera mes fers d'argent, et mes clous d'or et mes sonnettes d'argent. Et je hennis, mon maître, parce que avec la peau du roi de Bosnie le mécréant doit me faire une selle. »

LE FUSIL ENCHANTÉ

Oh! qui verrait le fusil du grand bey Sawa, verrait une merveille. Il a douze capucines d'or et douze capucines d'argent, et la crosse est incrustée de nacre, et de la poignée pendent trois houppes de soie rouge.

D'autres fusils ont des capucines d'or et des houppes de soie rouge; à Banialouka, les armuriers savent incruster la nacre; mais où est l'ouvrier qui saurait chanter le charme qui rend mortelles toutes les balles du fusil de Sawa?

Et il a combattu le Delhi avec sa cotte de mailles à triples chaînons, et il a combattu l'Arnaute avec sa casaque de feutre garnie de sept doubles de soie. La cotte de mailles a été rompue comme une toile d'araignée, la casaque a été percée comme une feuille de platane.

Dawoüd, le plus beau des Bosniaques, attache sur son dos le plus riche de ses fusils; il emplit sa ceinture de sequins; de ses douze guzlas il prend la plus sonore. Il partit de Banialouka le vendredi, il arriva le dimanche au pays du bey Sawa.

Il s'est assis, il a préludé sur sa guzla, et toutes les filles l'ont entouré. Il a chanté des chansons plaintives, et toutes ont soupiré; il a chanté des chansons d'amour, et Nastasie, la fille du bey, lui a jeté son bouquet, et, toute rouge de honte, elle s'est enfuie dans sa maison.

Et la nuit, elle ouvrit sa fenêtre et vit en bas Dawoüd, assis sur un banc de pierre à la porte de sa maison; et, comme elle se penchait pour le regarder, son bonnet rouge est tombé de sa tête, et Dawoüd l'a ramassé; puis, rempli de sequins, il l'a rendu à la belle Nastasie.

— Vois ce gros nuage qui descend de la montagne chargé de grêle et de pluie; me laisseras-tu, exposé à l'orage, expirer à tes yeux?

Elle, détachant sa ceinture de soie, l'a liée par un bout à son balcon; aussitôt le beau Dawoüd fut auprès d'elle.

17.

— Parle bas, tout bas! si mon père t'entendait, il nous tuerait tous deux.

Et ils se parlèrent bas, tout bas; bientôt ils ne se parlèrent plus. Le beau Dawoùd descendit du balcon plus vite que n'aurait voulu Nastasie; l'aurore paraissait, et il courut se cacher dans la montagne.

Et toutes les nuits il revenait au village, et toutes les nuits la ceinture de soie pendait attachée au balcon. Jusqu'au chant du coq il restait avec son amie; au chant du coq il allait se cacher dans la montagne. La cinquième nuit il est venu pâle et sanglant.

— Des heiduques m'ont attaqué, ils m'attendent au défilé de la montagne; quand le jour viendra, quand il faudra te quitter, ils me tueront. Je t'embrasse pour la dernière fois. Mais si j'avais le fusil magique de ton père, qui oserait m'attendre? qui pourrait me résister?

— Le fusil de mon père! comment pourrais-je te le donner? Le jour il est attaché sur son dos; la nuit il le tient sous son lit. Le matin, s'il ne le trouvait plus, il me couperait la tête assurément

Et elle pleurait, et elle regardait le ciel du côté de l'orient.

— Apporte-moi le fusil de ton père et mets le mien à sa place; il ne s'apercevra pas de l'échange.

Mon fusil a douze capucines d'or et douze capucines d'argent; la crosse est incrustée de nacre, et de la poignée pendent trois houppes de soie rouge.

Sur la pointe du pied, retenant son haleine, elle est entrée dans la chambre de son père; elle a pris son fusil et mis celui de Dawoüd à sa place. Le bey a soupiré en dormant, et il s'est écrié : « Jésus! » Mais il ne s'est pas éveillé, et sa fille a donné le fusil magique au beau Dawoüd.

Et Dawoüd examinait le fusil depuis la crosse jusqu'au guidon, et il regardait tour à tour la détente, la pierre et le rouet. Il embrassa tendrement Nastasie et lui jura de revenir le lendemain.

Il la quitta le vendredi, et il arriva le dimanche à Banialouka.

Et le bey Sawa maniait le fusil de Dawoüd.

— Je deviens vieux, disait-il; mon fusil me semble lourd. Cependant il tuera encore bien des infidèles.

Or, toutes les nuits, la ceinture de Nastasie pendait attachée à son balcon, mais le perfide Dawoüd ne reparaissait pas.

Les chiens circoncis sont entrés dans notre pays, et nul ne peut résister à leur chef Dawoüd Aga. Il porte en croupe un sac de cuir, et des esclaves l'emplissent des oreilles de ceux qu'il tue. — Tous les hommes de Vostina se sont rassemblés autour du vieux bey Sawa.

Et Nastasie monta sur le toit de sa maison pour voir cette cruelle bataille, et elle reconnut Dawoùd comme il piquait son cheval contre son vieux père. Le bey, sûr de vaincre, a tiré le premier; mais l'amorce seule a pris feu, et le bey tressaillit d'effroi.

Et la balle de Dawoùd a frappé Sawa au travers de sa cuirasse. Elle entra dans sa poitrine et sortit par son dos. Le bey soupira et tomba mort. Aussitôt un noir lui coupa la tête et la pendit par sa moustache blanche à l'arçon de la selle de Dawoùd.

Quand Nastasie voit la tête de son père, elle ne pleure pas, elle ne soupire pas, mais elle prend l'habit de son jeune frère, le cheval noir de son jeune frère, et, dans la mêlée, elle cherche Dawoùd pour le tuer. Et quand Dawoùd vit ce jeune cavalier, il dirigea contre lui son fusil enchanté.

Et mortelle, mortelle fut la balle qu'il lança. La belle Nastasie soupira et tomba morte. Aussitôt un noir lui coupa la tête; et comme elle n'avait pas de moustaches, il lui ôta son bonnet et la prit par ses longs cheveux; et Dawoùd reconnut les longs cheveux de la belle Nastasie.

Et il mit pied à terre et baisa cette tête sanglante.

— Je donnerais un sequin pour chaque goutte du sang de la belle Nastasie! je donnerais un bras pour la ramener vivante à Banialouka!

Et il a jeté le fusil magique dans le puits de Vostina.

LE BAN DE CROATIE

Il y avait un ban de Croatie qui était borgne de l'œil droit et sourd de l'oreille gauche. De son œil droit il regardait la misère du peuple, de son oreille gauche il écoutait les plaintes des voïévodes; et qui avait de grandes richesses était accusé, et qui était accusé mourait. De cette manière il fit décapiter Humanay-Bey et le voïévode Zambolich, et il s'empara de leurs trésors. A la fin, Dieu fut irrité de ses crimes, et il permit à des spectres de tourmenter son sommeil. Et toutes les nuits, au pied de son lit, se tenaient debout Humanay et Zambolich, le regardant de leurs yeux ternes et mornes. A l'heure où les étoiles pâlissent, quand le ciel devient rose à l'orient, alors, ce qui est épouvantable à raconter, les deux spectres s'inclinaient comme pour le saluer par dérision ; et leurs têtes, sans appui, tombaient et roulaient sur les tapis, et alors le ban pouvait dormir. Une nuit, une froide nuit d'hiver, Humanay parla et dit :

— Depuis assez longtemps nous te saluons ; pourquoi ne nous rends-tu pas notre salut ?

Alors le ban se leva tout tremblant ; et, comme il s'inclinait pour les saluer, sa tête tomba d'elle-même et roula sur le tapis.

L'HEIDUQUE MOURANT

— A moi ! vieux aigle blanc, je suis Gabriel Zapol, qui t'ai souvent repu de la chair des pandours, mes ennemis. Je suis blessé, je vais mourir. Mais, avant de donner à tes aiglons mon cœur, mon grand cœur, je te prie de me rendre un service. Prends dans tes serres ma giberne vide et la porte à mon frère George pour qu'il me venge. Dans ma giberne il y avait douze cartouches, et tu verras douze pandours morts autour de moi. Mais ils sont venus treize, et le treizième, Botzaï, le lâche, m'a frappé dans le dos. Prends aussi dans tes serres ce mouchoir brodé, et le porte à la belle Khava pour qu'elle me pleure.

Et l'aigle porta sa giberne vide à son frère George, et il le trouva qui s'enivrait d'eau-de-vie; et il porta son mouchoir brodé à la belle Khava, et il la trouva qui se mariait à Botzaï[1].

1. J'ai lu, l'année dernière, à Athènes, une chanson grecque dont la fin a quelque analogie avec celle de cette ballade. Les beaux génies se rencontrent. En voici une traduction.

LA JEUNE FILLE EN ENFER

Qu'elles sont heureuses, les montagnes! qu'ils sont bien partagés, les champs — qui ne connaissent pas Charon, qui n'attendent pas Charon! — L'été, des moutons; l'hiver, des neiges. — Trois braves veulent sortir de l'enfer : — l'un dit qu'il sortira au mois de mai, l'autre en été, — le troisième en automne, lorsque les raisins sont mûrs. — Une fille blonde leur parla ainsi au séjour souterrain : — « Emmenez-moi, mes braves; menez-moi à l'air, à la lumière. » — « Fillette, tes habits font froufrou, le vent siffle dans tes cheveux, tes pantoufles craquent; Charon serait averti. » « — Eh bien! mes habits, je les ôte; mes cheveux, je les coupe; — mes petites pantoufles, je les laisse au bas de l'escalier. — Emmenez-moi, mes braves; menez-moi dans le monde d'en haut, — que je voie ma mère qui se désole à cause de moi, — que je voie mes frères qui pleurent à cause de moi. » — « Fillette, tes frères, à toi, sont au bal à danser; — fillette, ta mère, à toi, est dans la rue à babiller. »

Ἡ ΚΟΡΗ ΕΙΣ ΤΟΝ ᾍΔΗΝ

Καλα το 'χουνε τὰ βουνὰ, καλάμοιρ' εἶν οἱ κάμποι
Ποῦ Χάρον δὲν παντέχουνε, Χάρον δὲν καρτεροῦνε.
Τὸ καλοκαίρι πρόβατα, καὶ τὸν χειμῶνα χιόνια.
Τρεῖς ἀνδρειωμένοι βούλονται τὸν Ἅδην νὰ τζακίσουν,

Ο 'νας λέγει τὸν Μάη νὰ βγῆ κι' ἄλλος τὸ καλοκαίρ,
Κι' ὁ τρίτος τὸ χυνόπωρον ὅπου 'ναι τὰ σταφύλια.
Κόρη ξανθὴ τοὺς 'μίλητε ἀπὸ τὸν κάτω κόσμον·
— Πάρτε μ' ἀνδρειομενοίμου κ' ἐμὲ 'ς ἀγεράκοσμον
— Κόρη, βροντοῦν τὰ ροῦχατου, φυσοῦν καὶ τὰ μαλλία σευ,
Κτυπάει τὸ καλίγισου καὶ μᾶς νογάει ὁ Χάρος.
— Ἐγὼ τὰ ροῦχα βγανώτα καὶ τὰ μαλλία τὰ κόθω,
Καὶ τὰ καλιγοπαπούτζια 'ς τὴν σκάλαν τὰ ἀπιθώνω.
Πάρτε μ' ἀνδριομενοίμου κ' ἐμε 'ς τὸν 'πάνω κόσμον,
Νὰ πάω νὰ ἰδῶ τὴν μάννανμου, που χλιβεται γι' ἐμένα
Νὰ πάω νὰ ἰδῶ τ' ἀδέρφιαμου, πῶς κλαίουνε γι' ἐμένα
Νὰ πάω νὰ ἰδῶ τ' ἀδερφίαμου, πῶς κλαίουνε γι' ἐμένα
— Κόρη 'σένα τ' αδερφίασου εἰς τὸν χορὸν χορεύουν
Κόρη 'σένα ἡ μάννασου 'ς τὴν ροῦγαν κουρεντιώζις.

TRISTE BALLADE

DE LA NOBLE ÉPOUSE D'ASAN-AGA[1]

Qu'y a-t-il de blanc sur ces collines verdoyantes? Sont-ce des neiges? sont-ce des cygnes? Des neiges? elles seraient fondues. Des cygnes? ils se seraient envolés. Ce ne sont point des neiges, ce ne sont point des cygnes : ce sont les tentes de l'aga Asan-Aga. Il se lamente de ses blessures cruelles. Pour le soigner, sont venues et sa mère

---

1. On sait que le célèbre abbé Fortis a traduit en vers italiens cette belle ballade. Venant après lui, je n'ai pas la prétention d'avoir fait aussi bien; mais seulement j'ai fait autrement. Ma traduction est littérale, et c'est là son seul mérite.

La scène est en Bosnie, et les personnages sont musulmans, comme le prouvent les mots d'aga, de cadi, etc.

et sa sœur; sa femme chérie, retenue par la timidité, n'est point auprès de lui [1].

Quand la douleur s'est apaisée, il fait dire à sa fidèle épouse :

— Ne me regarde pas dans ma maison blanche, ni dans ma maison, ni devant mes parents.

La dame, entendant ces paroles, se renferme dans son appartement toute triste et accablée. Voilà que des pas de chevaux retentissent près de sa maison, et la pauvre femme d'Asan-Aga, croyant que son mari s'approche, court à son balcon pour se précipiter. Mais ses deux filles ont suivi ses pas :

— Arrête, mère chérie! ce n'est point notre père Asan-Aga, c'est notre oncle Pintorovich-Bey.

L'infortunée s'arrête; elle serre dans ses bras son frère chéri.

---

[1]. Il nous est difficile de comprendre comment la timidité empêche une bonne épouse de soigner un mari malade. La femme d'Asan-Aga est musulmane, et, suivant ses idées de décence, elle ne doit jamais se présenter devant son mari sans être appelée. Il paraît cependant que cette pudeur est outrée, car Asan-Aga s'en irrite. Les deux vers illyriques sont remarquablement concis, et par cela même un peu obscurs :

> *Oblaziga mater i sestriza;*
> *A gliubovza od stida ne mogla.*
> Vinrent la mère et la sœur,
> Mais la bien-aimée par honte ne put.

— Ah! mon frère, grande honte! il me répudie, moi qui lui ai donné cinq enfants!

Le bey garde un morne silence; il tire d'une bourse de soie rouge un écrit qui lui rend sa liberté[1]. Maintenant elle pourra reprendre la couronne de mariée, aussitôt qu'elle aura revu la demeure de sa mère.

La dame a lu cet écrit; elle baise le front de ses deux fils et la bouche vermeille de ses deux filles; mais elle ne peut se séparer de son dernier enfant, encore au berceau. Son frère, sans pitié, l'arrache avec peine à son enfant, et, la plaçant sur son cheval, il rentre avec elle dans sa maison blanche. Elle resta peu de temps dans la maison de ses pères. Belle, de haut lignage, elle fut recherchée bientôt par les nobles seigneurs du pays. Entre tous se distinguait le cadi d'Imoski.

La dame implore son frère :

— Ah! mon frère, puissé-je ne te pas survivre! Ne me donne à personne, je t'en conjure[2]; mon

1. *Knigu oprochienia.* Mot à mot, un papier de liberté; c'est l'acte du divorce.

2. Pintorovich-Bey, comme chef de famille, dispose de sa sœur, comme il pourrait le faire d'un cheval ou d'un meuble.

Cette ballade, si remarquable par la délicatesse des sentiments, est véritablement *traduite*. L'abbé Fortis en a cœur se briserait en voyant mes enfants orphelins.

Aly-bey ne l'écoute point; il la destine au cadi d'Imoski.

Elle lui fait encore une dernière prière : qu'il envoie au moins une blanche lettre au cadi d'Imoski, et qu'il lui dise :

— La jeune dame te salue, et, par cette lettre, elle te fait cette prière: Quand tu viendras avec les nobles svati, apporte à ta fiancée un long voile qui la couvre tout entière, afin qu'en passant devant la maison de l'aga, elle ne voie pas ses orphelins.

Quand le cadi eut lu cette blanche lettre, il rassembla les nobles svati. Les svati allèrent chercher la mariée, et, de sa maison, ils partirent avec elle tout remplis d'allégresse.

Ils passèrent devant la maison de l'aga ; ses deux filles, du haut du balcon, ont reconnu leur mère ; ses deux fils sortent à sa rencontre, et appellent ainsi leur mère :

publié l'original, accompagné d'une traduction, ou plutôt d'une imitation en vers italiens. Je crois ma version littérale et exacte, ayant été faite sous les yeux d'un Russe qui m'en a donné le mot à mot.

M. Ch. Nodier a publié également une traduction de cette ballade, à la suite de son charmant poème de Smarra.

— Arrête, mère chérie ! viens goûter avec nous !

La malheureuse mère crie au stari-svat :

— Au nom du ciel ! mon frère stari-svat, fais arrêter les chevaux près de cette maison, que je puisse donner quelque chose à mes orphelins.

Les chevaux s'arrêtèrent près de la maison, et elle donna des cadeaux à ses enfants. A ses deux fils elle donne des souliers brodés d'or ; à ses deux filles des robes bigarrées ; et au petit enfant, qui était encore au berceau, elle envoie une chemisette.

Asan-Aga a tout vu, retiré à l'écart : il appelle ses deux fils :

— Venez à moi, mes orphelins ; laissez là cette mère sans cœur qui vous a abandonnés !

La pauvre mère pâlit, sa tête frappa la terre, et elle cessa de vivre aussitôt, de douleur de voir ses enfants orphelins.

MILOSCH KOBILICH

Je dois le poème suivant à l'obligeance de feu M. le comte de Sorgo, qui avait trouvé l'original serbe dans un manuscrit de la bibliothèque de l'Arsenal à Paris. Il croyait ce poème écrit par un contemporain de Milosch.

La querelle des filles de Lazare, le duel de ses deux gendres, la trahison de Vuk Brancovich et le dévouement de Milosch y sont racontés avec des détails entièrement conformes à l'histoire.

Le récit commence vers 1389, lorsque Lazare Grebillanovich, roi de Servie, se disposait à repousser une formidable invasion d'Amurat Ier.

Qu'elles sont belles les roses rouges dans le blanc palais de Lazare! Nul ne sait quelle est la plus belle, quelle est la plus grande, quelle est la plus rouge.

Ce ne sont point des roses rouges; ce sont les fillettes de Lazare, le seigneur de Servie aux vastes plaines, le héros, le prince d'antique race.

Lazare marie ses fillettes à des seigneurs : Vukassava à Milosch Kobilich [1], Marie à Vuk Brancovich, Militza au tzar Bajazet [2].

Il maria au loin Jeline au noble seigneur George Czernoevich, au jeune voïevode de la Zenta [3].

Il se passa peu de temps et les trois sœurs ont visité leur mère ; la sultane Militza ne vient point, car le tzar Bajazet le défend.

Les jeunes sœurs se saluent doucement ; las ! bientôt elles se querellèrent, vantant chacune son époux dans le blanc palais de Lazare. La femme de George Czernoevich, la dame Jeline, a dit :

— Aucune mère n'a enfanté un noble, un brave, un chevalier, comme a fait la mère de George Czernoevich.

La femme de Brancovich a dit :

— Aucune mère n'a enfanté un noble, un brave, un chevalier, comme a fait la mère de Vuk Brancovich. »

Elle riait l'épouse de Milosch, elle riait Vukassava, et elle s'écria :

1. On l'appelle aussi Obilich. J'ai suivi la leçon de M. de Sorgo.
2. Bajazet, deuxième fils de Murat. Il n'était pas encore tzar, c'est-à-dire empereur, car il ne fut proclamé qu'après la bataille de Cossovo.
3. Le Monténégro.

— Trêve à vos vanteries, mes pauvres petites sœurs !

» Ne me parlez pas de Vuk Brancovich ; ce n'est point un cavalier de renom. Ne me parlez pas de George Czernoevich ; il n'est ni brave, ni fils de brave. Parlez de Milosch Kobilich, noble de Novi Pazar. C'est un brave, fils de brave, enfanté par une mère de l'Herzégowine[1] !

La femme de Brancovich s'en est irritée. De sa main, elle frappe Vukassava au visage. Elle la frappe légèrement, et le sang lui jaillit du nez[2].

La jeune Vukassava saute en pieds, et, toute en larmes, rentre dans son blanc palais. Elle appelle en pleurant Milosch, et lui dit avec calme :

— Si tu savais, mon cher seigneur, ce que dit la femme de Brancovich ! que tu n'es pas noble fils de noble, mais vaurien fils de vaurien. Encore, elle se vante, la femme de Brancovich, et dit que tu n'oserais paraître en champ clos en face de son seigneur Brancovich, car tu n'es pas brave de la main droite.

Ces paroles sont amères à Milosch. Il saute sur

---

1. Milosch était en réalité d'une naissance obscure, et ne devait son élévation qu'à ses exploits.

2. Suivant quelques auteurs, ce fut Vukassava qui frappa Marie.

ses pieds de brave; il s'élance sur son cheval de bataille, et appelle Vuk Brancovich.

— Ami Vuk Brancovich, si une mère t'a enfanté, sors, viens avec moi au champ des braves, pour que nous voyions qui de nous deux est le plus vaillant.

Vuk n'a pu se dédire. Il s'élance sur son cheval de bataille et sort sur la plaine unie; il entre au champ des joûtes[1].

Là ils se heurtent de leurs lances de bataille, mais les lances de bataille volent en éclats. Ils tirèrent leurs sabres suspendus à leur côté, mais les sabres se cassèrent aussi.

Alors ils se frappèrent de leurs pesantes masses, et les plumes[2] des masses s'envolèrent. Le sort favorisa Milosch : il désarma Vuk Brancovich.

Milosch Kobilich a dit :

— Vante-toi maintenant, ô Vuk Brancovich! Va te vanter à ta fidèle épouse. Dis-lui que je n'ose joûter avec toi. Je puis te tuer, ô Vuk! je puis habiller de noir ton épouse chérie. Mais je ne te tuerai pas, car nous sommes amis. Va-t'en avec Dieu, mais ne te vante plus.

Peu de temps s'est passé, et les Turcs viennent

1. Le combat fut autorisé par Lazare.
2. Il faut entendre par *plumes* les lames de fer disposées comme des rayons à l'extrémité des masses d'armes.

assaillir Lazare. Murat-Soliman est à leur tête. Ils pillent, ils brûlent villages et villes.

Lazare ne peut endurer leur ravages; il rassemble son armée. Il appelle à lui Vuk Brancovich; il appelle le héros Milosch Kobilich.

Il prépare un festin de princes, car princes sont les conviés du festin. Quand ils eurent bien bu du vin, il parla ainsi aux seigneurs assemblés :

— Écoutez, mes héros, vous ducs et princes, mes braves éprouvés, demain nous attaquerons les Turcs. Nous obéirons à Milosch Kobilich.

» Car Milosch est un preux chevalier : Turcs et chrétiens le redoutent; il sera le voïevode [1] devant l'armée; et après lui, Vuk Brancovich.

Ces paroles sont amères à Vuk; car il ne peut plus voir Milosch. Il appelle Lazare, et lui parle en secret.

— Ne sais-tu pas, gracieux seigneur, qu'en vain tu as réuni tes soldats? Milosch Kobilich te trahit; il sert le Turc, il a menti à sa foi.

Lazare se tait; il ne répond rien; mais, à la fin du souper, Lazare boit dans la coupe d'or. Ses larmes coulent en gouttes pressées, et c'est ainsi qu'il devise doucement :

1. Général en chef.

— Ni au tzar ni au césar[1]! mais à mon gendre Kobilich, qui veut me trahir, comme Judas a trahi son Créateur!

Milosch Kobilich jure par le Dieu tout-puissant qu'il n'y a place en son cœur pour la trahison ou la mauvaise foi. Il saute sur ses pieds de brave et rentre dans ses blanches tentes. Jusqu'à minuit il pleure; après minuit il fait sa prière à Dieu.

Quand l'aurore a blanchi, quand l'étoile du matin a montré son front, il monte sur son meilleur cheval et galope au camp du sultan.

Milosch prie les gardes du sultan.

« — Laissez-moi entrer dans la tente du sultan. Je lui livrerai l'armée de Lazare; je remettrai Lazare entre vos mains.

Les Turcs crurent Kobilich et le menèrent aux pieds du sultan. Milosch s'agenouille sur la terre noire; il baise le pan de la robe du sultan, il baise ses genoux. Soudain il saisit son hanzar et frappe Murat au cœur; puis, tirant son sabre suspendu à son côté, il hache les pachas et les vizirs[2].

1. Probablement en portant des santés on commençait par celle du roi, puis celle de l'empereur d'Allemagne.

2. Amurat vécut encore assez pour apprendre le succès de la bataille de Cossovo.

Quelques auteurs racontent sa mort différemment. Ils disent qu'après la défaite des Serviens, le sultan, parcourant

Mais il eut aussi un triste sort, car les Turcs le dispersèrent sur leurs sabres. Ce que fit Vuk Brancovich, ce qu'il fit, qu'il en réponde devant Dieu.

à pied le champ de bataille, remarquait avec surprise l'extrême jeunesse des chrétiens qui jonchaient la plaine de Cossovo.

— Il n'y a que de jeunes fous, lui dit un de ses vizirs, qui osent affronter tes armes.

Un Servien blessé reconnaît le sultan, il se relève d'un effort désespéré, et le blesse mortellement de son poignard. Il fut aussitôt massacré par les janissaires.

On dit, à l'appui de l'autre version qui fait mourir Amurat de la main de Milosch, que c'est depuis cette époque que les ambassadeurs paraissent désarmés en présence des empereurs ottomans. Le général Sébastiani est, je crois, le premier qui ait refusé d'ôter son épée lorsqu'il fut présenté au sultan Sélim.

Vuk Brancovich livra aux Turcs le corps d'armée qu'il commandait. Lazare combattit avec valeur; mais son cheval gris-pommelé s'étant échappé, fut pris par les ennemis, qui le promenèrent en triomphe de rang en rang. Les Serviens, à cette vue, croyant leur roi mort ou prisonnier, perdirent courage et se débandèrent. Entraîné dans la déroute, Lazare fut pris vivant, et bientôt après égorgé par ordre de Bajazet, comme une victime offerte aux mânes de son père.

On prétend que la main droite de Milosch Kobilich, enchâssée dans de l'argent, fut attachée au tombeau d'Amurat.

FIN

TABLE

LA DOUBLE MÉPRISE.................................... 1
LA GUZLA... 129
Avertissement....................................... 131
Préface de la première édition...................... 135
Notice sur Hyacinthe Maglanovich.................... 139
   L'Aubépine de Veliko............................ 145
   La Mort de Thomas II, roi de Bosnie............. 155
   La Vision de Thomas II, roi de bosnie........... 159
   Le Morlaque à Venise............................ 166
   Chant de mort................................... 169
   Le Seigneur Mercure............................. 173
   Les Braves Heiduques............................ 181
   L'Amante de Dannisich........................... 184
   La Belle Hélène................................. 187
Sur le mauvais œil.................................. 196
   Maxime et Zoé................................... 200
   Le Mauvais œil.................................. 209
   La Flamme de Perrussich......................... 212

Barcarolle..	217
Le Combat de Zenitza-Velika..................	219
Sur le Vampirisme...............................	222
La Belle Sophie....................................	237
Jeannot..	244
Improvisation d'Hyacinthe Maglanovich.........	246
Constantin Yacoubovich.........................	249
Impromptu...	255
Le Vampire..	257
La Querelle de Lepa et de Tchernyegor.........	259
L'Amant en bouteille.............................	268
Cara-Ali le vampire..............................	274
Les Pobratimi......................................	280
Hadagny..	285
Les Monténégrins.................................	292
Le Cheval de Thomas II........................	295
Le Fusil enchanté.................................	296
Le Ban de Croatie................................	302
L'Heiduque mourant.............................	304
Triste ballade de la noble épouse d'Asan-Aga.....	307
Milosch Kobilich..................................	312

BOURLOTON. — Imprimeries réunies, B.

www.ingramcontent.com/pod-product-compliance
Lightning Source LLC
Chambersburg PA
CBHW060409170426
43199CB00013B/2063